共通番号制《マイナンバー》なんていらない！

監視社会への対抗と個人情報保護のために

小笠原みどり・白石 孝

航思社

共通番号制《マイナンバー》なんていらない！

—— 監視社会への対抗と個人情報保護のために

目次

第Ⅳ章 番号をとりまく現実――頻発する情報流出と、操作される世論 143

コラム

はじめに

野田政権は2012年2月14日、「行政手続における特定の個人を識別するための番号の利用等に関する法律」案を閣議決定し、国会に提出した。政府が「マイナンバー」と名づけた、いわゆる「共通番号」を、日本で暮らす私たち一人ひとりにつけるための「共通番号法案」である。

正式な法案名が示すとおり、国が多分野において「特定の個人を識別する」時代が到来しようとしている。そのために、私たち一人ひとりに識別番号をつけ、どこでなにをしたのかの情報を集め、本人の同意を得ないでこれらの情報を使用しようというのだ。だが、内閣府の世論調査によれば、83・3％の回答者がこの制度の内容を知らない（2011年11月調べ、対象者3000人、有効回答率63％）。本書を出版する目的は、共通番号制度の内容と意味を知らせ、その危険性に急ぎ警鐘を鳴らすことにある。

共通番号制度は、①外国籍の人たちを含む、住民登録をしているすべての個人への付番、②番号にもとづく、本人の同意を得ない個人データの共有、③番号ID（識別）カードの所持という三本柱から成り立つ。番号が使用される分野は、税、医療、福祉、介護保険、労働保険、年金の6分野で、集められた個人情報は、各分野を超えて官庁、市区町村役場で相互に交換されたり、転用されたりするようになる。法案名は「行政手続における」となっているが、情報がやりとりされる範囲は官だけではなく、民間企業、団体にも広がる。

個人情報はいまや、国だけでなく、あらゆるビジネスが求める利益の源になった。官庁や大企業は、ますます私たちの収入、住所、家族構成、学歴、職歴、病歴などを知りたがり、そうした情報を私たちの背後で政治や商売に利用する。もちろん、この過程で情報の目的外使用、大量流出、詐欺、なりすまし事件が発生する。いずれにしても、国と資本は個人情報という力を一方的に蓄える。そのことが私たちの生き方に、この国の民主主義に、どんな影響を与えるかを、この本は追っていく。

まず、序章では、共通番号制が導入されると生活がどう変わるのかをわかりやすく示すため、番号制が定着した後の2021年の情景を小説風に描く。政府は14年にすべての個人に番号をふり、15年1月からIC（集積回路）チップ入りのIDカードを配布する計画でいる。現在、監視カメラやクレジットカードなど、さまざまな手段を通じて個人データが収集されるようになっているが、共通番号はこうした他のデジタルシステムとも確実に連動していく。他の章とは違い、あくまでフィクションとして描いているが、ここに登場する監視システムは、いずれも想像ではなく、現在すでに実用化されている技術だ。

第I章は、共通番号制が民主、社民、国民新党の連立政権発足後に「社会保障と税の一体改革」のなかで浮上し、「社会保障の充実に不可欠」というイメージがふりまかれていることに、疑問を投げかける。共通番号は、社会保障の充実には結びつかない。むしろ、社会保障費や医療費を抑制する現行の政策からいって、福祉と皆保険制度を切り崩していく手段になる可能性が高い。政府はさらに、「公平な税制」と「被災者の救済」にも共通番号が必要と主張しているが、いずれも番号によって実現されることはない。納税者番号としての共通番号は、現金取引や海外資産をつかめないだけでなく、いま以上に給与所得者への監視を強めて不公平感を拡大する。また、被災地に番号による個人の識別を持ちこむことは、被災者間に差別を生み出すことにつながりかねない。「社会保障・税番号大綱」(2011年6月決定)に掲げられた、これら三つの目的の内実を検証し、そこに隠されたうそを明らかにする。

第Ⅱ章は、共通番号制の前史を振り返る。個人に識別番号をふって管理するという「国民総背番号制」の発想は、40年前の政財界で生まれたが、世論の一貫した強い反対が実現を阻んできた。政府は目立たないかたちでこれを推進し、1990年代から全国各地の自治体で住民にICカードを配って利用実験をしたが、定着しなかった。2002年、「行政の効率化」と「国民の利便性の向上」を目的に、初めて国民一人ひとりに番号をふった住民基本台帳ネットワーク(住基ネット)が稼働した。しかし、住民基本台帳カード(住基カード)の発行率は人口の5%にも満たず、番号制が人々から求められていないことを端的に物語る。国民総背番号制の40年におよぶ挫折は、共通番号制もまた、IT公共事業として巨額の税金の捨て場所になることを暗示している。

第Ⅲ章は、共通番号カードが国民IDカードとして位置づけられている点に光をあてる。住基カードがいっこうに普及しないことに業を煮やした政府は、今度は私たちがカードを持たざるをえない状況をつくろうとしている。国家が個人を識別する技術は、歴史的にみて近代に入って世界的に研究されたが、とくに植民地支配のなかで実用化された。日本もその例外ではなく、台湾や朝鮮を植民地化したのちに、みずからの支配を揺るがしかねない「内なる敵」の動きを見張るために、番号、カード、生体認証（指紋）を使いはじめた。共通番号制は、こうした監視を統治の手段とする流れをくみ、ターゲットを社会的少数者から人口全体に拡大したものである。カードによる識別の後には、必ず排除される人々がいる。

第Ⅳ章では、共通番号制がまさに導入されようとしている現状を考えるのに、看過できない二つの問題をつけ加える。ひとつは、住民登録番号制度が定着している韓国で起きている個人情報の大量流出事件であり、もうひとつは、住基ネットに反対した日本のマスメディアが、なぜ共通番号制には賛同し、説を曲げたのかである。いずれも、共通番号制と同様に、私たちの民主主義にとって重大な問題をはらんでいる。

共通番号制は、国や企業が本人の同意を得ずに個人情報を集め、利用することで、私たちの私的な行動の自由（プライバシー）をせばめるだけでなく、内心の自由、言論の自由といった市民的自由をも脅かし、ひいては民主主義を切り崩していく。個人情報が使いまわされることで、私たちは優遇される人間と冷遇される人間に振り分けられ、いま以上の格差と差別がデータによって正当化されていく。こうしたデータ監視の帰結は、日本では国会でもメディアでもまったく議論されていない。

ただでさえ「絆」の名のもとに同調圧力が強まる震災後のこの国で、人々からこれ以上精神の自由と身体の自由が奪われないよう、政府からの愛のないバレンタインデーの贈り物、共通番号法案をつまびらかにし、つきかえすよう呼びかけたい。

序章

二〇二一年
——共通番号が「空気」になった日

三月のある晴れた寒い日、赤坂あおいは湾岸から吹き込んでくる黄色い風を避けようとして、コートの前を合わせながら本社ビル正面玄関の階段を駆け上がった。階段横のエスカレーターは、電力会社の呼びかける「節電ウィーク」のため止まっている。「先の大災害」以来、二週間おきに「節電ウィーク」が設定されている。午前十時前の太陽はかすんでいる。新聞社の出勤時間のピークにあたるが、玄関ロビーの灯りも落としてある。

腰に虹彩照合スマートフォンと、電気ショック棒を下げた警備員四人のあいだを通り抜けて、玄関の社員用自動改札機にＩＣ社員証をかざす。間の抜けたような軽い電子音がして、腰位置の仕切り板が開く。あおいの後ろから来た社員は、自動改札に「認証」されず、「しばらくお待ちください」という自動応答装置の声が響く。警備員が駆け寄ってくる。だれも振り向かない。警備員は立ち往生している社員から社員証を受け取り、首をかしげてから、社員のまぶたを人差し指で軽く引き上げ、スマートフォンをかざした。青い閃光が走る。「ＯＫです。どうぞ」という事務的な声がロビーに響く。照合率の設定限界によって、一〇〇件に七件は起きる「認証エラー」の風景だ。

先週は、休日出勤で子どもを連れてきた同僚がエラーになり、先に自動改札を走り抜けようとした子どもの目に仕切り板が当たって、けがをした。が、あとに続いていた社員が、ちょっと舌打ちして、隣の自動改札に素早く移った以外、別にトラブルにはならなかった。

ＩＣ社員証は、バス、電車、国内航空路線の利用時に携帯していると特典を受けられるので、出社日以外でも社員の必需品となっている。何年か前から、バスや地下鉄に乗るときも荷物検査を受けなくてはならなくなったが、このＩＣ社員証を自動改札にかざせば、東陽新聞社員としてＸ線の検査を免除される。中央官庁や大手企業の団体証も同じで、待機の長い列から外れてスムーズな移動ができるのだから、手放せない。

この優遇団体に新聞社が加わることには、社内で多少の異論があった。だが結局、あおいの上司の「差別？　そんなんじゃないよ。社会的信用のある人間が列から外れれば、節電にもなるだろ？　反社会的な行動を起こす可能性のあるやつらに、的を絞って検査できるじゃない。効率だよ、効率」という言葉で、上流階級の仲間入りを果たした。

地下道で荷物検査を待っている間、人々は頭上のスクリーンを見あげ、映像に見入る。売り出し中の歌手の修正された顔面と、首から下は別人のダンスと、ダイエット食品のタイアップ広告に続き、美しい花火のようなパチンコ・チェーンのイメージ広告、そこへ「ホウム教団の指名手配者」について情報提供を求める警視庁の広報が、おどろおどろしい書体でわって入る。そして「みなさまの安全のため、もうしばらくお待ちください」のテロップ――見あげる人々の顔を、スクリーン上に設置された小さなカメラがとらえ、どの広告に何人が関心を示したか、年齢と性別にカテゴリー分けした情報とともに、マーケティング会社に送信する。その間に、警視庁の顔認識システムが一人ひとりの映像と「要注意人物リスト」との照合を終え、捜査提携している国々に画像を転送する。

あおいの働く五階の編集部へは、幸い「節電ウィーク」中でもエレベーターが動いている。四階までは、階段を使わざるをえない。編集部の入り口で、再び室内へ入るための認証を受ける。自動ドアの横にあるタッチパネルに右の人差し指を当てると、“approved”の緑のサインが頭上で光って、ドアが音もなく開く。

あおいは東陽新聞の記者になって十二年、もうすぐ三十五歳になる。新聞社は数年前から、ネット配信を主力にしているが、ストレートニュースの取材や連載の企画は、現在も「紙」の記者たちが担当する。「活字離れ」と「デジタル化」に震えあがって、部下のくび切りに奔走した幹部たちの予想に反し、「紙」はなくなりはしなかった。インターネットもテレビも、まだ新聞からネタを拾うことをやめない。断片的な情報の「メディア内循環」が続いている。

窓の下には、広大な建設現場が広がり、その向こうに紫がかった海が見える。以前、ここには魚市場があった。あおいも、仕事で遅くなった深夜や早朝は、先輩たちに市場内の定食屋へ連れていかれたものだ。パソコンのブルーグレーのスクリーンになじんだ目に、オレンジの裸電球がやたらとまぶしかった。それら店舗や倉庫もすべて取り壊された平地から、黄色い砂埃が舞い上がる。市場はオリンピックの招致計画で移転したが、招致は失敗し、廃墟だけが残った。今度は「首都ランド」なるテーマパークをつくる話がもちあがった。新しい魚市場では、高濃度の有毒物質が次々と検出されている。だが、黄色い風に混じる放射性物質によって健康被害が発生することはないと政府が断言している昨今、ほかの有毒物質にどの程度のニュース価値があるのか、むしろパニックを引き起こすべきではないというデスクたちの判断で、めったに記事にはならない。

「首都ランド」予定地に最初に建てられた「湾岸ツリー」には、総務省の「身近なしあわせに気づくポエムコンテスト」でグランプリに輝いた標語が、LEDのエレガントな光に染められ、上から下へと繰り返し点滅している。

危険は意外と、安全である
強制は実は、貢献である
管理は結局、愛である

「おはよう」。あおいが窓際の席に鞄を置き、パソコンを開くやいなや、青木たかおがやってきた。玄関の自動改札を通ると、IC社員証に内蔵されたRFID（無線IC）の極小アンテナが自動的に起動し、社内の天井に埋め込まれた受信機によって、社員一人ひとりの位置をパソコン上に表示する。たかおは、それであおいが出社したことを知ったのだ。

これとよく似たシステムを、政府は現在、国全体で実施する計画を立てている。五年前に配られた「Ｊカード」にＧＰＳを内蔵し、国民一人ひとりの位置をいつでも確認できるようにする仕組みで、「次の大災害」に備えた「安全・安心な国づくり」関連法案に盛りこまれた。しかし、人々がいつでもＪカードを携帯しているとは限らないので、ＧＰＳ受信機を皮下移植するほうが確実だという有力な説を、あおいは先日、担当するオピニオン面で紹介したばかりだ。「この技術はペットや認知症患者にはすでに普及し、確立された安全な手法で、究極のセキュリティを提供する」とＩＴメーカーの幹部は力説した。

Ｊカードは、二〇一四年に開始された「共通番号制」に伴って発行された。それまで、希望する人だけが取得する「住基カード」というＩＤカードがあったが、十年たっても人口の三％ほどにしか普及しない不人気ぶりだったから、Ｊカードも望まれて誕生したわけではなかった。ただ、「先の大災害」で茫然自失となり、つづく放射能汚染の拡大、増税の嵐で不安に陥った人々は、共通番号制がなんなのかにまで考えがまわらなかった。いや、不安定な雇用と収入、削られる福祉、増加する過労死、餓死、自殺という日常に聞こえてきた「安全・安心のため」という声に、すがりたい気持ちになったのかもしれない。「がんばろう日本」「絆」のキャンペーンが、官庁、企業、芸能界、スポーツ界、マスメディアをあげて展開されたあとだっただけに（そして隣国の経済的繁栄に対する嫉妬とさげすみが高揚していただけに）、Ｊカードという初の国民ＩＤカードにつけられた「ニッポン人再生の証明！」というキャッチコピーは存外に人気を博し、八割の人が携行するようになった。

共通番号制は、じわじわと人々の暮らしを変えた。まず、外国籍の住民を含めて、日本で暮らす赤ちゃんから高齢者まで一人ひとりに、十三桁の「マイナンバー」がふられ、書留郵便で通知された。この番号が印刷されたJカードが（政府は「マイカード」と名づけたかったようだが、マレーシアにすでに同じ名前のカードがあった）、市区町村役場で発行された。役場の窓口には「税、医療、福祉、介護保険、労働保険、年金に関する手続きをする際には、このカードをご持参ください。カードのご提示がない場合、本人確認できませんので、個人情報保護にかんがみ、手続きができない場合があります」ということわり書きが張りだされた。

人々は、マイナンバーの通知を受け取って初めて、自分にいくらか義務が増えることに気づいた。そしてほどなく、役所だけではなく、民間会社でもJカードの提示を求められ、なければサービスを受けられないことを知った。

こうして個人の収入や支出を政府が把握することで、「よりきめ細かな社会保障が実現できる」というのが、政府の言い分だったし、東陽新聞もそれを社説で支持した。マイナンバーをもとに、政府が国民の個人情報を生涯にわたって管理し、分野を超えて検索できるようになれば、だれに、いつ、いくらの社会保障が必要なのか、間違いなくわかるようになる、と。そして、「安全・安心のため」「国民の利便性のため」「行政の効率化のため」と。

あおいは、東陽新聞が「住基カード」とそのシステム「住基ネット」についてかつて反対の論陣を張っていたことを覚えていたので、その豹変ぶりは気になったが、共通番号とJカードについてオピニオン面でいつものとおり賛否両論を紹介する以上のことはしなかった。年々、拡散していく放射能被害をカバーすることに追われて、それどころではなかったのだ。

だがJカードは、あおいの生活のひどく私的な場面にもかかわるようになっていった。まず勤め先の新聞社に、給与振込み、源泉徴収、健康保険、年金支払い手続きのために、十三桁のマイナンバーを提供したのが最初だった。一度提供すれば、それでおしまいと思っていたのだが、給与口座のある銀行、生命保険会社、医療保険会社、自動車保険会社、火災・地震保険会社（保険会社はわずらわしいが、なにしろ「次の大災害」に備えなくてはならない）にもそれぞれ、番号の提供を要求され、Jカードのコピーを送らなくてはならなかった。でないと、年末調整ができず、余分に課税されるというのだ。

保険会社にとって、マイナンバーはとくに重要らしい。保険会社は業界内で連携し、それまで別々だった顧客データベース内の個人データの一部を、十三桁の番号で連結させたからだ。これによって、社内コンピュータに番号を打ちこめば、個人の過去の病歴、通院歴、入院歴、投薬歴、事故歴、保険金支払い請求歴などが、横断的に検索できるようになった。

医療保険や生命保険に加入するには、以前なら健康診断という「現在」の審査だけで足りたが、いまでは過去がこと細かに審査される。さらに、コンピュータは将来の疾病予測まではじき出し、加入の可否と、保険料の算定をするようになった。こうしたデータは、関係する製薬会社や保険組合にも売却され、マーケティングや医療費抑制にも利用されている。データは別々の場所に保管されていても、番号による「ひもづけ」によって、一望できるようになったのだ。

あおいの父、恵介は昨年、医療保険の加入手続きで外資系アクシオック社と長くもめた。

恵介はアメリカに留学中だった二十代のとき、甲状腺がんを発症した。アメリカ先住民の文化にひかれて、ワシントン州立大学に入学し、州中南部のヤカマ族保護区に滞在しながら、口承文学の聞き書きに没頭した。大学を卒業してからは、保護区を持たないワナプム族の文化を追って、何千年ものあいだ食の源であったコロンビア川流域を訪ね歩いた。

体調の悪さを感じながらも、こうした調査をまとめ、邦訳を完成させた矢先、コロンビア河畔の核施設ハンフォード・サイトが、大量の放射性物質を長年公表せずに川に流し、大気に放出していたことが内部告発された。ハンフォードのプルトニウム工場は、一九四三年にマンハッタン計画の一部として、先住民たちを生活の場から追い出し、建設された。ヤカマやワナプムの人々は一九八〇年代になって、なぜ仲間に甲状腺がん、白血病、乳がん、心臓疾患、流産が急増していたのかを知った。

恵介は幸い、シアトルでの手術と化学療法が功を奏し、治癒して日本に戻ることができた。小さな貿易会社に職を得、ある女性と出会い、あおいが生まれた。がんは以来、発症していない。

しかし、保険業界は恵介の四十年前の病を、完治したとはみなさなかった。恵介のアメリカ滞在時の社会保障番号（マイナンバーに似ているが、全員に強制されてはいない）から、病歴を追跡したアクシオックは、「本来なら加入をお断りするところですが」という慇懃《いんぎん》な前置きを添えて、月額五万円という保険料を通知してきた。「六十代なら月額たったの四千円」をテレビ広告で売りにしている会社である。

恵介は加入を保留し、他の医療保険会社二、三社に見積もりを依頼した。が、驚いたことに、どの社も足並みそろえて五万円と通知してきたのだ。

自分の過去の病歴情報がアクシオックからどこかに流され、保険業界全体で共有されていることを、恵介は直感した。マイナンバーから検索されている、と。恵介はアクシオックに質問状を出し、自分について調べた情報、またその情報の提供先について質《ただ》した。しかし、アクシオックは「調査情報については、調査先にご迷惑をおかけするため、内部規定で非公開とさせていただいています。お客様の個人情報は、個人情報保護法に基づいて適正に処理しております」という電話をしてきただけで、具体的な説明を避けた。

結局、恵介は医療保険への加入をあきらめた。マイナンバーの登場で、個人情報はますます検索しやすくなり、情報の断片をパズルのピースのようにつなげられるようになった。それは想像にたやすい。が、それがどこでどう使われているかはわからず、本人は自分に不利益が生じたときに、初めて自分がプロファイリングされていることに気がつく。情報の内容も出どころも特定できないので、訂正も抗議もできない。

それだけではない。過去の断片情報から、ときに未来まで決定されてしまう。四十年前の病気が今後再発するかはだれにもわからないのに、保険会社は自分勝手なリスク計算式のなかに、個人を一律に押しこめる。そのあやしげな解を、あたかも客観的な事実であるかのように扱って、自分たちの利益を最大限に水増しする。重箱の隅をつつくようにして。

しばらくすると、恵介のもとには、がんに効くという健康食品のダイレクトメールが次々と舞いこむようになった。たまに医者にかかれば、役所からは「お薬代を抑えるために」と称して、ジェネリック医薬品に切り替えよとの通知が届く。まったく、俺の情報はどこまで使いまわされるんだ、他人様のもうけやら節約のために、と恵介はぼやく。遠い昔の一片のネガティヴ・データに、高い市場価値がつく世界――。

あおいの母、劉冬梅《リュウドンメイ》は中国吉林省の出身だが、やはりマイナンバーが送付された。法務省は「先の大戦」以降、六十年間発行してきた外国人登録証を二〇一二年に廃止し、「在留カード」に切り替えた。そのとき、外国籍住民も住基ネットと共通番号制に含まれることになったのだ。

外国人登録証は、ちょっと近所に買い物に出かけるだけでも、携帯していなければ逮捕の理由になる「外国人いじめ」の象徴だったから、長い間きらわれてきた。とくに、登録に伴う指紋の押捺には強い反発があり、一九八〇年代には朝鮮・韓国籍の人々が次々と押捺を拒否し、中国、アメリカ、フランス出身者たちも加わって大きな運動へと広がっていった。冬梅も、その一人だった。中国から茶葉を輸入し、販売していた冬梅は、逮捕は免れたが、中国へ里帰りすれば再入国許可を与えない、という法務省のいやがらせで、出国できなくなった。拒否者はみな、有形無形の圧力にさらされたが、人権侵害の声に抗しきれなくなった日本政府は二〇〇〇年、ついに指紋押捺を全廃した。外国人を潜在的な危険とみなす制度はすたれていくのだと、冬梅も一度は確信したのだった。

だが、その自信は数年のうちに突き崩された。日本政府は、指紋押捺廃止から七年目に空港で外国人旅行者全員から顔写真と指紋を収集しはじめた。在留カードにはＩＣチップを搭載し、市区町村の外国人の登録情報を入国管理局が集められるようにした。冬梅はマイナンバーを受け取ったとき、これが外国人登録制度の手法を押し広げ、一般化したものだとすぐに気づいた。かつての外国人登録証がＪカードとなって、いまは国籍を問わず、日本で暮らす全員を見張っているのだ。

政府はＪカード配布後、より確実なセキュリティを施すためとして、指紋データを取りこみはじめた。かつて冬梅が経験した、朱肉に指を押し当てられる旧方式ではなく、デジタル専用機にタッチするだけの「抵抗感の少ない」方法で。何年もかかって廃止に追いこんだ差別的な因習が、スマートな装いで、全人口を対象に、あっさりと復活したのだった。

あおいのスマートフォンがサーモンピンクに光って、メッセージの着信を知らせた。なにか言おうとしていた青木たかおに断って、あおいは親指と人差し指を画面上で弾いた。区役所の子育て支援課からだ。あおいの子が通う保育園の来年度の保育料が確定した、という通知だった。四月からの保育料は、四万二千円。今年度より高い。画面をスクロールしていくと、計算式のなかで、夫の収入項目が細かに列挙してある。カメラ店でのアルバイト、結婚式での撮影料、年賀状のデザイン料、写真学校での講師料、雑誌への寄稿料——その合計が、去年を上回り、配偶者控除の対象になる百三十万円枠をわずかに突破したらしい。

なにもそこまで……、とあおいは小さなため息をついた。夫の緑川瞬は、フリーの写真家で、不定期の仕事をかけもちして費用をため、山岳写真を撮りにいく。一度の仕事で数万円を稼げればいいほうだ。その収入の逐一にも、十三桁の番号がついてまわる。税務署はマイナンバーを照らし合わせ、世帯ごとの収支をまとめ、ちょっとした臨時収入でさえも、ちくちくと課税してくる。保育料の算定にまで、その情報が当然のように、本人の許諾もなく流用されたわけだ。どんな個人情報も、いったん提供するや、本人の同意なく、あらゆる用途に使われる。しかしそれは、すべて「政令の定めた目的」に沿っていて、合法とされる。

そういえば、共通番号制が導入されるとき、マイナンバーがあれば、もう保育所の申し込みに源泉徴収票だの、確定申告だの、非課税証明だの添付しなくてよくなるので、国民の利便性が向上するといって、大いに宣伝されたっけ。「だけど、申し込みは年にたった一度、Ｊカードを出すのはほとんど毎日じゃない」と、あおいは思わず、つぶやいた。役所でも、交通機関でも、銀行でも、最近はカラオケボックスでも、ネットショッピングでも。割に合わない息苦しさが、日常を覆っている。

「ごめん、ごめん」。あおいは、たかおに向き直った。もうすぐ「先の大災害」から、十年目になる。あおいはその特集記事を担当している。同期のたかおは、その件でデータベース・セクションからやってきたのだった。

「この間頼まれた過去記事、いくら探しても見当たらなかったよ」。たかおは、つとめてなんでもないことのような口調で言った。

「先の大災害」で連続爆発し、かつメルトダウンした原子力発電所から大気中にまき散らされた放射性物質の総量と、その拡散図を掲載しようと、あおいは事故直後から十年間のデータを記事データベースで検索した。ところが、事故直後の散発的で控えめな観測データを報じる記事は別にして、一年後からの定期観測データがヒットしないのだ。数年前まで文部科学省担当だった同僚に聞くと、「あれは一応ぜひもので、必ず見ているうるさい市民団体もいるから、毎月出稿していたよ」と言う。そこで、データベース・セクションのたかおに、紙で保存してある過去の新聞から捜し出せないか、聞いてみたのだった。

「どうしてかな？　ひとつも？」あおいは思わず、聞き返した。

「うん。訂正や不都合のあった記事は、データベース上で修正するだけじゃなくて、紙からも削除するからね。そんなに珍しいことじゃないでしょ。計測方法が安定しなくて、数値が過大だったのかもしれない。大げさに騒いでた読者もいたじゃない？」それだけ低めの声で言うと、たかおは窓側からこちらを向いている監視カメラを避けるようにして、そそくさと遠ざかっていった。

たったそれだけの話なら、社内メールで返信すればすむだろうが、たかおはこのデータ検索にかかわったことを、あとで社に知られたくなかったのだろうと、あおいは想像した。当然のことだが、社員のメール内容は自動的にスキャンされている。データベース・セクションのたかおは、そのソフトウェアの扱いまで熟知している。

記事データベースは数年前から他社とネットワーク化され、ＩＴ教育目的で学術機関に開放されるようになった。だが、それを機に文部科学省の「データベース検定」が始まり、半年に一度、記事の修正要望が送られてくる。実は、放射性物質の定期観測データだけではない。被災者数、地域ごとの発がん率のデータも、くしの歯が抜け落ちたかのように、ところどころでデータベースから欠落していることに、あおいは気づいていた。これでは、五年後、十年後にこそ被害が顕在化するという放射能の晩発性障害について、証明することができない。

利用されつくす個人データと、隠される公共のデータ。いつのまにか、自分が情報をめぐる黒い要塞の前に立っていることを、あおいは悟らざるをえなかった。この壁は、どこからか孔《あな》をうがてるのだろうか――。

湾岸から吹きつける黄色い砂塵の向こうで、あの標語が七色に輝いている。

危険は意外と、安全である
強制は実は、貢献である
管理は結局、愛である

第Ⅰ章

政府がふりまく三つのうそ

――社会保障の充実、公平な税制、被災者の救済

共通番号は、2009年の民主党を中心とする連立政権への交代後、「社会保障・税に関わる番号制度」として提案され、「行政手続における特定の個人を識別するための番号の利用等に関する法律案」へと具体化された。この制度が私たちにつける番号の性格を、政府・与党設置の番号制度創設推進本部は、①住民票のある全員に付番、②唯一無二で重複しない付番、と定義づけている。

これまでも個人を指すさまざまな番号が日本には存在してきた。年金番号、健康保険番号、運転免許証番号、旅券番号、自治体のあらゆる分野にかかわる個別番号、金融機関の口座番号、企業・団体の社員番号、クレジットカード番号など、日常生活あるいは事業活動に番号は普及している。

しかし、前記①と②の両方に該当する番号は、2002年から始まった住民基本台帳ネットワークシステム（住基ネット）で使用されている「住民票コード」だけである。住民票コードは、まさに新生児から高齢者までにふられた、11桁の識別番号だ。しかし、この日本国籍者にあまねくふられた番号は、個人情報の収集やデータマッチング（突合）を促進するため、そうしたことがないよう国などの利用目的を法律で制限し（現在295事務*）、民間は使用しない「見えない番号」とすることを、1999年の改正住基法は定めた（住基ネットの詳細は、第Ⅱ章2－4「国が自治体を乗っ取る」以下を参照）。

政府は今回、この住基ネットに課された利用目的にとらわれず、より多くの分野で、民間団体を含めて、データマッチングに使用できる「見える番号」として、共通番号を打ち出した。これは、住民票コードと連動する、新たな「マイナンバー」と呼ばれる番号をつける制度だ。2012年7月9日からは、これまでの外国人登録制度に代わって外国人住民基本台帳制度が実施されるため、日本に3ヵ月以上居住する外国籍の人々も住民票コードをふられる（第Ⅲ章3-6コラム「外国人登録制度の廃止と新しい在留管理制度」、129ページを参照）。共通番号は、人口規模においても利用範囲においても、住基ネットより一歩も二歩も踏みこんだ本格的な「国民総背番号制」そのものといっていい。

これまでみずからに禁じてきたデータマッチングを正当化する理由として、政府の番号制度創設推進本部は次のように述べる。

「番号制度は、複数の機関に存在する個人の情報を同一人の情報であるということの確認を行うための基盤であり、社会保障・税制度の効率性・透明性を高め、公平・公正な社会を実現するための社会基盤（インフラ）である**」

「社会保障の充実」と「税金の公平な徴収」。これらが共通番号制度の最大の売りであり、東日本大

＊295事務　総務省「住民基本台帳法に基づく本人確認情報の利用事務」（http://www.soumu.go.jp/main_sosiki/jichi_gyousei/c-gyousei/daityo/pdf/juki_dai1_a.pdf）。

＊＊「番号制度は……社会基盤（インフラ）である」　出所は、番号制度に関する全国リレーシンポジウムの政府説明資料「みんなで考えたい社会保障・税に関わる番号制度」の「番号制度導入の趣旨」（http://www.cas.go.jp/jp/seisaku/bangoseido/symposium/kumamoto/siryou6.pdf など）。

震災後の２０１１年６月に発表された、法案の土台となる「社会保障・税番号大綱」では、「災害時における活用」も盛りこまれた（図1）。首相も大臣も官僚も、これを支える財界人も政治学者も新聞もテレビも、この三つを実現するためには、共通番号制度は不可欠だと力説している。私たちの耳に、異論が入ることはめったにない。

この章では、社会保障の充実、公平な課税、被災者の救済に識別番号が欠かせないという主張が、政府のイメージ戦略にすぎないことを順を追って明らかにする。真実は、残念ながらすべて逆である。共通番号制は、どう控えめにみても今後、社会保障の抑制に利用され、富裕層の海外資産を増やし、闇取引を拡大させ、中下流層の市民からちくちくと税と保険料を取り立てる手段になるだろう。また、

え方）

3.番号制度に必要な３つの仕組み

付番 新たに国民一人ひとりに、唯一無二の、民-民-官で利用可能な、見える「番号」を最新の住所情報と関連づけて付番する仕組み

情報連携 複数の機関において、それぞれの機関ごとに「番号」やそれ以外の番号を付して管理している同一人の情報を紐付し、紐付けられた情報を活用する仕組み

本人確認 個人や法人が「番号」を利用する際、利用者が「番号」の持ち主であることを証明するための本人確認（公的認証）の仕組み

4.安心できる番号制度の構築

- 国家管理（一元管理）への懸念
- 名寄せ・突合により集積・集約された個人情報の漏えい等の危険性への懸念
- 不正利用による財産その他の被害発生への懸念

制度上の保護措置	システム上の安全措置
・第三者機関の監視 ・法令上の規制等措置（目的外利用の制限、閲覧・複写の制限、告知要求の制限、守秘義務等） ・罰則強化　等	・「番号」に係る個人情報の分散管理 ・「番号」を用いない情報連携 ・個人情報及び通信の暗号化 ・アクセス制御　等

住民基本台帳ネットワークシステム最高裁合憲判決（最判平成20年3月6日）を踏まえた制度設計

5.今後のスケジュール

番号制度の導入時期については、制度設計や法案の成立時期により変わり得るものであるが、以下を目途とする。

- H23年秋以降　可能な限り早期に番号法案及び関係法案の国会提出
- 法案成立後、可能な限り早期に第三者機関を設置
- H26年6月　個人に「番号」、法人等に「法人番号」を交付
- H27年1月以降　社会保障分野、税務分野のうち可能な範囲で「番号」の利用開始
- H30年を目途に利用範囲の拡大を含めた番号法の見直しを引き続き検討

社会保障・税番号大綱（概要）①（基本的な考

1.番号制度導入の趣旨

現在

背景

- 少子高齢化（高齢者の増加と労働力人口の減少）
- 格差拡大への不安
- 情報通信技術の進歩
- 制度・運営の効率性、透明性の向上への要請
- 負担や給付の公平性確保への要請

課題

複数の機関に存在する個人の情報を同一人の情報であるということの確認を行うための基盤がないため、

- 税務署に提出される法定調書のうち、名寄せが困難なものについては活用に限界
- より正確な所得・資産の把握に基づく柔軟できめ細やかな社会保障制度・税額控除制度の導入が難しい
- 長期間にわたって個人を特定する必要がある制度の適正な運営が難しい（年金記録の管理等）
- 医療保険などにおいて関係機関同士の連携が非効率
- 養子縁組による氏名変更を濫用された場合に個人の特定が難しい

等

番号導入

将来

理念

- より公平・公正な社会の実現
- 社会保障がきめ細やかかつ的確に行われる社会の実現
- 行政に過誤や無駄のない社会の実現
- 国民にとって利便性の高い社会の実現
- 国民の権利を守り、国民が自己情報をコントロールできる社会の実現

効果

- 番号を用いて所得等の情報の把握とその社会保障や税への活用を効率的に実施
- 真に手を差し伸べるべき人に対しての社会保障の充実
- 負担・分担の公正性、各種行政事務の効率化が実現
- IT化を通じ効率的かつ安全に情報連携を行える仕組みを国・地方で連携協力しながら整備し、国民生活を支える社会的基盤を構築
- ITを活用した国民の利便性の更なる向上も期待

2. 番号制度で何ができるのか

(1)よりきめ細やかな社会保障給付の実現

- 「総合合算制度（仮称）」の導入
- 高額医療・高額介護合算制度の現物給付化
- 給付過誤や給付漏れ、二重給付等の防止

(2)所得把握の精度の向上等の実現

(3)災害時における活用

- 災害時要援護者リストの作成及び更新
- 災害時の本人確認
- 医療情報の活用
- 生活再建への効果的な支援

(4)自己の情報や必要なお知らせ等の情報を自宅のパソコン等から入手できる

- 各種社会保険料の支払や、サービスを受けた際に支払った費用（医療保険・介護保険等の費用、保育料等）の確認
- 制度改正等のお知らせ
- 確定申告等を行う際に参考となる情報の確認

(5)事務・手続の簡素化、負担軽減

- 所得証明書や住民票の添付省略
- 医療機関における保険資格の確認
- 法定調書の提出に係る事業者負担の軽減

(6)医療・介護等のサービスの質の向上等

- 継続的な健診情報・予防接種履歴の確認
- 乳幼児健診履歴等の継続的把握による児童虐待等の早期発見
- 難病等の医学研究等において、継続的で正しいデータの蓄積が可能となる
- 地域がん登録等における患者の予後の追跡が容易となる
- 介護保険被保険者が市町村を異動した際、異動元での認定状況、介護情報の閲覧が可能となる
- 各種行政手続における診断書添付の省略
- 年金手帳、医療保険証、介護保険証等の機能の一元化

図1　政府・与党による番号制度の説明

出所：http://www.cas.go.jp/jp/seisaku/bangoseido/pdf/110630/gaiyou.pdf

地殻変動期に入った日本で、次の災害対策に共通番号が使われれば、被災地で「番号カードなしではおにぎりももらえない」事態を生むかもしれない。番号による識別が当たり前になればなるほど、差別が日常の風景として広がりかねない。

政府がいくら新たな法案で、用途が限定された住基ネットの束縛から逃れたつもりでも、識別番号によるデータの集積には、依然として憲法上の大きな疑義が残る。住基ネットは世論の強い反対にあい、各地の地裁で住民による差し止め訴訟が起こされた。金沢地裁と大阪高裁で違憲判決が出たのち、最高裁は合憲の判断を下したが、その理由を「住民票コードによるデータマッチングは法律で禁じられているため、プライバシー侵害の危険性はない」とした（第Ⅱ章2－12コラム「住基ネット差し止め訴訟の成果」、112ページを参照）。つまり、これを逆手にとれば、識別番号によるデータマッチングは違憲である可能性がきわめて高い。

この点を政府は十分に認識している。社会保障・税番号大綱は、「住民基本台帳ネットワークシステム最高裁判決との関係」という項目をわざわざ設け、「取り扱う個人情報が、住基ネットの本人確認情報（…）よりも秘匿性の高い社会保障・税に関わる情報を中心としており、かつ、住基ネットが行わないこととしているデータマッチングを行うこととするものであるから、一層高度の安全性を確保することが求められる」と述べている。そして、その解決策として、各機関が同一の番号を直接使うのではなく、これと連動する「符号」をそれぞれつけて、番号と「ひもづけ」するという手法を共通番号制にもちこんだ。だが、これは技術的なごまかしでしかない。

本書ではあえて、この技術的な「トリック」については取り上げない。「ひもづけ」は、コンピュータ内で複雑なソフトウェアを使って実行され、その難解な仕組みが万人の理解すべき民主主義の議論にかなうとは、とうてい思えないからだ。立案者は違憲性の高いデータマッチングを行うことを自覚しているのだから、そこから引き起こされる人格権への侵害（プライバシー侵害）、言論の自由への圧迫といった問題にこそ真摯に向き合うべきだ。どんな技術を駆使しても、すべての個人データは最終的にマイナンバーに行き着く。そこから生身の人間に起こる問題を、技術は解決することはできない。

1-1　社会保障の充実にはならない

法案化への経緯

まず、共通番号が連立政権の政策として打ち出されるまでの、民主党内での経過をたどっておこう。民主党マニフェスト＝政権政策（2009年7月）では、「3−18　一元化で公平な年金制度へ」の項で、次のように税と社会保障に関する公約が現れた。

・全ての人が「所得が同じなら、同じ保険料」を負担し、納めた保険料を基に受給額を計算する「所得比例年金」を創設する。

・消費税を財源とする「最低保障年金」を創設し、全ての人が7万円以上の年金を受け取れるようにする。「所得比例年金」を一定額以上受給できる人には、「最低保障年金」を減額する。

続いて、「3－20　歳入庁を創設する」の項で、

・社会保険庁は国税庁と統合して「歳入庁」とし、税と保険料を一体的に徴収する。

・所得の把握を確実に行うために、税と社会保障制度共通の番号制度を導入する。

として、共通番号制度が登場した。

年金制度を抜本的に改革するために、「年金制度一元化」を実施し、「所得比例年金」と「最低保障年金」を導入、そのためには「歳入庁を創設」する、という。「納税者番号制度」は、所得比例年金制度を創設するための所得把握強化に使用することが前面に出されている。

２０１０年2月8日、内閣官房国家戦略室は09年12月22日に閣議決定した「２０１０年度税制改正大綱」に基づき、「社会保障・税に関わる番号制度検討会」を発足させたと発表した。これ以降、急速に社会保障・税番号への流れができていく。このときの検討会メンバーに、菅直人（副総理兼財務

大臣）、仙谷由人（国家戦略大臣）、長妻昭（厚生労働大臣）、古川元久（国家戦略室長）、峰崎直樹（財務副大臣）がいる*（いずれも役職は当時）。

ここから、共通番号制の発端は、年金制度改革と税制改正にあることがわかる。そして10年2月から始まった検討は、翌11年1月に「社会保障・税に関わる番号制度についての基本方針」として肉づ

＊番号制度創設推進本部　その後、大綱を決定した11年6月30日段階では、本部長に菅直人（内閣総理大臣）、本部長代理に枝野幸男（内閣官房長官）および与謝野馨（社会保障・税一体改革担当大臣）があたっていた。現在の政府・与党社会保障改革本部および番号制度創設推進本部の主なメンバーは以下のとおりだが（2011年12月5日現在）、実質的には藤井裕久、古川元久、峰崎直樹が中核だとみられる。なお、田中康夫（新党日本代表）は住基ネットに反対していたが、同検討会メンバーに11年1月に指名され加わった。

- 本部長：野田佳彦（内閣総理大臣）、本部長代理：藤村修（内閣官房長官）・古川元久（社会保障・税一体改革担当大臣）
- 政府側構成員：川端達夫（総務大臣）、安住淳（財務大臣）、小宮山洋子（厚生労働大臣）、枝野幸男（経済産業大臣）、古川元久（国家戦略担当大臣、内閣府特命担当大臣（経済財政政策））、蓮舫（内閣府特命担当大臣（少子化対策））、齋藤勁（内閣官房副長官）、長浜博行（内閣官房副長官）、峰崎直樹（内閣官房参与＝事務局長）
- 与党側構成員：民主党＝輿石東（幹事長、参議院議員会長）、樽床伸二（幹事長代行）、前原誠司（政策調査会長）、仙谷由人（政策調査会長代行）、平野博文（国会対策委員長）、小川敏夫（参議院幹事長）、城島光力（幹事長代理）、三井辨雄（政策調査会長代理）、櫻井充（政策調査会長代理）、細川律夫（社会保障と税の一体改革調査会長）、長妻昭（社会保障と税の一体改革調査会事務局長）、藤井裕久（税制調査会長）、古本伸一郎（税制調査会事務局長）。国民新党＝下地幹郎（幹事長）、亀井亜紀子（政務調査会長）

けされ、同時に内閣官房に「番号制度創設推進本部」が設置された。さらに同年6月、「社会保障・税番号大綱」が決定され、法制度案の原型ができあがった。公募されていた共通番号の名称には、「マイナンバー」が選ばれた。

新たな番号制度は、このような経過をたどって立派なよろいを着せられた。番号制度創設推進本部は、大綱に「主権者たる国民の視点に立った番号制度の構築」という副題をつけ、次のように導入の目的や効果を宣言した。

- より正確な所得把握が可能となり、社会保障や税の給付と負担の公平化が図られる
- 真に手を差し伸べるべき者を見つけることが可能となる
- 大災害時において、真に手を差し伸べるべき者に対する積極的な支援に活用できる
- 社会保障や税にかかわる各種行政事務の効率化が図られる
- ＩＴを活用することにより添付書類が不要となるなど、国民の利便性が向上する
- 行政機関から国民にプッシュ型の行政サービスを行うことが可能となる

「社会保障の充実」「公平な税制の実現」「災害時における活用」という錦の御旗は、ここで立てられた。一見してわかるように、この番号制度は「弱者救済」を特色として打ち出し、そのためには識別番号が不可欠という論理を展開している。しかし、番号法案そのものには、社会保障をどうするか、

税制をどうするか、被災者救済をどうするか、なんの方向性も、法的拘束力もない。

民主党政権になってわずか2年足らずのうちに、当初掲げられた社会保障や税制の方針は変化し、マニフェストは履行されず、また米軍基地問題、東日本大震災、原子力発電所の大事故、消費税の導入論議と、政権そのものをゆるがす事態が起きても、番号制推進の動きだけは続いた。用途はともかく、先に「番号制導入ありき」の強い推進力が政官財界ではたらいていることが露呈した。

「総合合算制」と「給付付き税額控除」は共通番号なしでもできる

共通番号制導入の目的が詳しく説明されている社会保障・税番号大綱では、「番号制度で何ができるか」の項で、「よりきめ細やかな社会保障給付の実現」が第一に掲げられている。その中身は、次の三点である。

①社会保障の各制度単位ではなく家計全体をトータルに捉えて医療・介護・保育・障害に関する自己負担の合計額に上限を設定する「総合合算制度（仮称）」の導入

②高額医療・高額介護合算制度の改善（自己負担額の上限に達した場合、立て替え払いすることなく以後の医療・介護サービスを受給可能にする）

③給付過誤や給付漏れ、二重給付等の防止

「総合合算制度」とは、福祉、保険、医療にかかわる個人の支払いに限度額を設け、それ以上は国費でまかなう制度として説明されている。共通の個人識別番号があれば、個人が支払っている負担額を分野を超えて合算でき、しかも世帯単位でも合算できる、ということで、政府は番号の利点を強調し、マスメディアもほぼ、これを最大のメリットとして「負担が減る」とふれまわっている。だが、②で「……合算制度の改善」と、はからずも露呈しているように、医療と介護の負担額の合算は、共通の識別番号がなくても、すでに実施されている。立て替え払いにはなるが、共通番号がなくても合算は可能なのだ。また、実際に自己負担の軽減をはかるとすれば、相当な財源が必要となることは明らかだ。

さらに、ここでは明記されていないが、内閣官房社会保障改革担当室は政府が主催する各地の「番号制度シンポジウム」で、「所得の低い人に給付付き税額控除を行うには番号制度が必要」とも強調している（一例に、2011年10月2日付産経新聞大阪本社版掲載のシンポジウム企画特集面）。給付付き税額控除（コラム、40ページ参照）とは、所得税額に対し控除額が上回った場合、その分を給付する制度で、所得税減税の効果が及ばない非課税の低所得者への還元方法である。控除額は、就労の有無や扶養する子どもの数などで決まる。消費税の「逆進性*」への緩和策ともいわれる。

アメリカ（勤労所得税額控除）、イギリス（勤労税額控除と児童税額控除）、カナダ（消費税逆進性対策）のほか、オランダ、アイルランド、ニュージーランド、韓国でも類似の制度が導入されている。その給付付き税額控除を、民主党は09年総選挙前のマニフェストに盛りこみ、10年度税制改正大綱で国の政策とした。その前提として、所得と給付を確実に把握し、すりあわせるために、共通番号の導入が欠かせないとしている。大綱でこれが直接掲げられなかったのは、膨大な財源を必要とするという理由からだったようだ。09年当時から比べると明らかにトーンダウンしたが、消費税増税案の明確化とともに、野田内閣は給付付き税額控除をふたたび共通番号制の導入理由にあげた。

11年12月26日、財務省は給付付き税額控除導入の必要額試算を発表した。世帯年収平均550万円で単純に線引きすると（世帯構成は考慮していない）、全世帯の6割が対象となり、年間1兆円もの経費が必要になるという。このほか、政権が掲げる一律月7万円の最低保障年金の支給を考慮に入れれば、いくら消費税率をアップしても、史上空前の「ばらまき」はカバーできそうもない。

現在の生活保護の「捕捉率」は約20％といわれている。つまり、一定の年収以下で生活保護を本来受けられる人のうち、実際に受けている人の割合が20％という意味だが、もし給付付き税額控除制度を導入するとしたら、残り80％の人にも生活保護のかわりに税額控除あるいは給付金を支給することになるのだ。大阪経済大学などで教員をつとめる黒田充氏（自治体情報政策研究所代表）は著書『Q＆A　共通番号ここが問題』（自治体研究社、２０１１年）で、この費用を09年度段階での約3兆円に対し、

＊消費税の逆進性　消費税は、収入の多寡に関係なく、販売や物品などに一律に課税されるため、税負担能力の低い低所得者の負担が重くなること。したがって、所得や事業所得に応じて税負担する所得税や法人税と異なり、所得再分配機能が発揮できにくい。

15兆円を要すると試算している。
確かに総合合算制や給付付き税額控除は、低所得者や貧困層に配慮した政策だといえる。だが、同様の政策は共通番号制のない諸外国でも実施され、日本でもすでに一部は実行され、共通番号が不可欠とはいえない。また、おカネがないとくり返しいって消費税を大幅に引き上げる政権が、これら新たな政策にかかる膨大な財源をどうやって捻出するのか、あてはない。ふたつの政策にとって、共通番号は不必要だし、また政策自体の実現も危ぶまれるのだ。

給付付き税額控除を導入すると

給付付き税額控除に詳しい日本総合研究所主任研究員の西沢和彦氏は、次のように説明している(『税と社会保障の抜本改革』日本経済新聞出版社、11年6月)。

- 給付付き税額控除は、あくまでも手段であり、誰を対象にどこまで支援するのかという政策目的が必要。
- 国税と地方税の関係の整理が必要。
- 所得情報の正確かつ一元的な把握および管理、国税庁に日本年金機構を統合するという民主党の歳入庁構想ではほとんど意味がない。国税庁と市町村の税務行政の統合が不可欠。
- 利子、配当、株式譲渡など金融資産所得の把握も必要。金融資産は分離課税のままでいいが、給与所得や事業所得などフローの所得だけでなく、金融資産残高あるいは金融資産所得の税務当局あて申告も求めることになる。そのために納税者番号制度の導入が必要になる。

つまり、日本の現行税制や国税・地方税の並立などさまざまな要因を考慮すると、そう簡単に導入できる制度ではない。さらに先行している米国の給付付き税額控除について、以下のような課題があるとも西沢氏は指摘している。

(1)35％の過大請求。養育の有無、同居期間、年齢など子どもに関する適格性の誤り
(2)低所得のシングルマザーが高所得の両親と同居しているケース
(3)夫婦であれば共同申告しなければならないにもかかわらず、そうしていないなど所得申告方法
(4)所得額の申告の誤り（事業所得の過少申告）

プライバシー・インターナショナル・ジャパン（PIJ）の石村耕治代表も同様に指摘している。

新自由主義の社会保障政策

共通番号が社会保障の充実に不可欠とはいっても、総合合算制と給付付き税額控除だけでは、政府が社会保障全体をどうしようとしているのかは、みえてこない。ほんとうに、社会保障費を支払う国民の負担を減らし、一方で給付を厚くしようとしているのか。共通番号の導入以前に、番号という手段を使ってなにを行うのか、つまり政権がどのような社会保障政策を講じていくのかという根本的な方針が決定される必要がある。番号が関係する範囲は、医療（医療保険、診療報酬）、年金、生活保護、介護保険、障がい者自立支援、子ども政策、そして雇用政策にまでおよぶが、それぞれをどうするかがなにも決まっていないのに、番号さえあればよくなるということはありえない。③の給付過誤や給付漏れの防止といった理由は、差し迫った課題でもなく、つけたしにしかみえない。

21世紀に入ってからの小泉純一郎首相以降の自民党政権は、規制緩和と聖域なき構造改革を打ち出し、社会保障に関しては自己負担増と給付抑制を強力に推し進めた。アメリカと歩調を合わせた、新自由主義の経済政策の始まりである。規制緩和や民営化によって市場に多くの権限を持たせることで、利益がいっそう生まれるとする新自由主義は、グローバルに安い労働力を求め、貧困層を拡大させた。日本では、99年に改悪された労働者派遣法が非正規雇用を急速に増やし、不安定な雇用と、それを支えられない社会保障を露呈した。「格差社会」が指摘されるようになった。

野党民主党は、「国民の生活が第一」をスローガンにして、こうした自公政権の負の遺産を払拭するためのマニフェストを掲げ、2009年の総選挙で勝利し、政権の座についた。自公政権をくつがえした民主党政権なのだから、社会保障の抑制から充実へと転換してくれるという漠然とした期待感が有権者にはあったかもしれない。

だが、伊藤周平・鹿児島大学教授は、著書『雇用崩壊と社会保障』（平凡社新書、2010年）で、民主党政権の社会保障政策は「子ども手当など現金給付への偏りが見られるが、こうした現金給付へのこだわりは、所得保障さえすれば、個々人が医療・福祉サービスを商品として買えばよいという市場型の医療・福祉制度と結びつきやすく、新自由主義政策との親和性を持っている」と指摘する。「政権交代実現のために、旧政権の新自由主義政策から決別するポーズはみせたものの、本質は新自由主義への親和性が強く、政策転換をはかったわけではない」と。

少なくとも、民主党政権はまだ、新自由主義から転換する社会保障政策を実行していない。むしろ社会保障分野での現金給付への偏り、法人税減税など財界を強力にバックアップする政策を続けている。沖縄の米軍基地移設や原子力発電所の輸出など、他の政策面でも多くが自公政権の路線を継承し、反対する野党が少ない分、新自由主義的な政策が加速しているようにすらみえる。

こうした流れのなかで、社会保障の充実が置き去りにされたまま、共通番号だけが実現するとどうなるのだろうか?

充実よりも抑制に利用

政府は2011年5月から2年をかけて、全国47都道府県をまわる「番号制度シンポジウム」を開催している。11年5月に東京であった最初のシンポジウムでは、パネリストの経済評論家、田中直毅氏(国際公共政策研究センター理事長)が次のように発言した(議事録を読みやすく整理)。

共助としての公的保険制度は、もっと広く議論されなければ公的保険制度の持続性そのものが脅かされる間際まで来ている。例えば末期医療においてどれだけお金が使われたのか、一人一人の生存日数を考えたときに、末期医療に使っている支出は、どういう意味があるのかという点については、広く国民的に議論する以外にないところまで来ています。たまたま体が弱い、重篤な何かを持っている、ハンディキャップを持っているときに、保険制度のヘビーユーザーになるというのは当たり前です。逆に言えばそのこと自体がなぜ彼(彼女)がこんなにもお金を使っているのかということについて理由をはっきりさせれば、この制度の持続性の意味が明らかになるわけです。

ですから、共助のシステムとして何を保持しなければいけないのかをもう一度議論しないといけない。今の医療保険制度では赤字が大きいから税金をもっと投入しろという議論もある一方、〈個人の〉拠出のほうをもっと上げろという意見もある。現実は厳しいので、税金も上げなければいけないいかもしれない。保険料率も上げなければいけないかもしれない。

しかし、支出も納得できるものと納得できないものについて広く国民的な議論が必要な段階に来ている。私は共通番号を通じて、一つの分類でどういう支出になっているのかはもう広く国民的議論にする以外にない。そうしなければ、我々の社会の明日は暗くなると思っております。

（番号制度創設推進本部「番号制度シンポジウムin東京の開催報告・公開資料」http://www.cas.go.jp/jp/seisaku/bangoseido/symposium/tokyo/siryou13.pdf）

善意の発言ではあろうが、福祉への公費投入には、こうして何十年も前からさまざまな非難と攻撃がくり返されてきた。たとえば「保育所にどのくらい税金をかけているのか、幼稚園と比べても出しすぎで不公平だ」「障がい者にお金をかけすぎている」といった声もあがる。コストを公開し、堂々と議論をしようというのは一見、正論にみえるかもしれないが、福祉を必要とする人が生まれる背景を無視して結論は出せない。社会的弱者への差別や偏見を払拭しない限り、また、そういった世論形成を並行して行う努力をしない限り、「恩恵ばかり受けて、負担しないのはわがままだ。公費投入をなくせ」との声が大きくなっていく。

憲法第25条は1項で「すべて国民は健康で文化的な最低限度の生活を営む権利を有する」とし、続いて2項で「国は、すべての生活部面について、社会福祉、社会保障及び公衆衛生の向上及び増進に努めなければならない」と定めている。社会保障は、「健康で文化的な最低限度の生活を営む」ための権利なのだ。そこから、社会福祉として高齢者、障がい者、子どもを対象にした施策、公衆衛生として疾病予防、健康増進など社会的衛生管理、その他生活保護、社会保険（医療、年金、雇用、労災、介護）に関する制度がある。

だが、こうした公的な援助そのものをできる限り縮小し、民間に移行させようとするのが、新自由主義路線である。01年6月、「社会保障番号」の導入を検討していた小泉内閣は、「骨太の方針」で「IT活用により、社会保障番号制導入とあわせ、個人レベルで社会保障の給付と負担がわかるように情報提供を行う仕組み」として、「社会保障個人会計」構想を打ち出した。これは、年金、医療保険、介護保険、雇用保険などに関する情報を個人ごとに名寄せする仕組みだ。つまり、総合合算制度と同じ仕組みで、給付を抑制しようとしたのだ。日本経団連はまた、04年9月に「社会保障制度等の一体改革に向けて」で、個人ごとに給付と負担を把握して、重複給付をチェック、効率的給付を行うことを提案。相続時に年金など社会保障受給額と相続財産との調整を行う制度まで必要だと主張した。

「自己負担の合計額に上限を設定する総合合算制度」は一転すれば、このように抑制を目的とした社会保障個人会計や「家計簿」になりかねない。前出の伊藤教授は「個人の納税額や保険料と社会保障給付をリンクさせること自体に、明らかに給付を抑制しようとする意図がみえる」と話す。「本来、拠出がなくても受け取れるのが社会保障。だが、支払いを義務化する仕組みへと変更され、その究極が番号制。しわよせは貧困層にいく。保険料の払えない人、働いていない人、障がいのある人へのまなざしはますます厳しく、冷たくなるだろう」。

現実に社会保障を抑制する政治が続く限り、「総合合算制」と呼ぼうが、「社会保障個人会計」と呼ぼうが、集められた個人データは社会保障給付の抑制材料に使われる公算が大きい。

崩れる皆保険制度

社会保障・税番号大綱は、「番号制度で何ができるのか」で、社会保障以外に、「医療・介護等のサービスの質の向上等」をあげている。これは行政機関が共通番号によって収集した個人データを利用することを指すが、政府はすでに、最もセンシティヴといわれる医療分野の個人データを、患者本人の同意を得ずに使いはじめている。

厚生労働省は2010年12月、高齢者医療確保法第16条を根拠に、「医療費適正化」のために保険者が厚労省に提供する情報を、学術目的などで第三者が利用することを認める指針を発表した。さらに12年3月にはガイドラインを定め、国のデータベース（レセプト情報約25億8000万件、特定健診情報約2000万件）から試行的に加工データを第三者に提供する。レセプトとは、医師が月ごとに

写真１　2009年１月21日、レセプト（診療報酬明細書）のオンライン請求を義務化する厚生労働省令の撤回を求めて、横浜地裁に提訴する医師ら（写真提供：神奈川県保険医協会）

保険者に請求する診療報酬明細書で、患者の名前、病名、治療内容、検査内容などが記入される。従来は紙だったが、厚労省は06年、省令でレセプトのオンライン請求を義務づけた。電子データで情報を受信すれば、データベースに蓄積して利用しやすくなる。

だが、これには全国の医師から反発が上がった。神奈川県保険医協会は医師、歯科医師に呼びかけ、09年1月に義務化の撤回を求めて横浜地裁に提訴。２次提訴も含めて、原告は１７４４人に上った（写真1）。義務化に対応できない医師が廃業に追いこまれることが直接の動機だったが、患者の自己情報コントロール権と医師の人格権を侵害する違憲性も争点とした。患者は自分の情報がオンラインで扱われることを拒否できず、医師は情報が漏れた場合には責任を問われるからだ。

政権交代を経て09年11月、義務化の省令は撤回された。電子データでの提出は原則化されたが、オンライン送信の義務はなくなり、紙での請求も継続されることになった。これを受けて原告団は判決を待たずして勝利宣言し、訴訟を取り下げた。しかし、レセプト情報の利用は電子データ化で拡大した。首相官邸のＩＴ戦略本部「医療情報化に関するタスクフォース」（コラム、50ページ参照）も11年5月、自治体や保険者がレセプト情報を医療の効率化に活用するよう報告した。広島県呉市はそれを利用して国民健康保険加入者の受診回数や薬をチェックし、受診回数を減らしたり、安価なジェネリック医薬品へ切り替えたりするよう、通知や訪問をしている。企業の健康保険組合などでも、同様の「活用」が広がる。

神奈川県保険医協会の知念哲・事務局主幹は「国はレセプト情報を吸い上げ、医療費の給付範囲をせばめようとしている。健保で支払われない部分が民間の医療保険や混合診療に回れば、国民皆保険制度は崩れる。患者によって、治療内容に差が出かねない」と警戒感を強める。知念主幹の目から見れば、総合合算制度の真の目的は社会保障個人会計の導入であり、医療のＩＴ化と合わせれば、まさに新自由主義の「アメリカ型管理医療*」が完成する。公的医療の治療内容は最低限となり、管理医療によって医療メニューは保険料や負担額の範囲内に制限される。つまり、公的医療給付の縮小と医療の市場化が、共通番号制から得られた個人データの利用によって促進されようとしているのだ。

共通番号が導入されれば、共通番号カードが保険証の機能を持ち、さまざまなカードを持ち歩かなくてよい、と政府やメディアは私たちにいう。また、医師は共通番号によって、保険証が有効かを診察の場で確認できるという。が、同協会の副理事長、田辺由起夫医師は「その程度のことなら医師にメリットはない。現行の制度で大きな問題はない」と言い切る。「むしろ患者には自己負担の可能性が増える。保険証がよく変わる人は、裕福でない場合も多く、困るだろう」。

医療費抑制や学術目的で使われるレセプト情報が匿名化され、集計化されていても、それは共通番号によって常に個々人に「ひもづけ」される。「レセプト情報は項目が増え、カルテ化している。共通番号はそれを利用したい人たちの発想で、現場のニーズではない。逆に、医師と患者の信頼関係は傷つきやすくなる」と田辺医師は結んだ。

＊アメリカ型管理医療　米国は日本と異なり国が運営する国民皆保険がないので、公的保険と民間の保険会社が提供する保険の混合となっている。公的保険は社会保障プランで、高齢者および障がい者対象のほとんど自己負担のない「メディケア」と低所得者対象の「メディケイド」がある。また、民間の保険会社が医療保険を扱っているため、その中から自分にあった保険を見つけて契約することになる。

つまり医療保険に加入するには、保険会社の販売する医療保険を買うことになる。また、医学と医療技術の進歩に伴って、高性能の医療機器の導入、新薬、新技術を持つ医療従事者の増加が起こり、医療コストが上昇。このため、過剰医療などを監視し医療費を抑制する試みとして導入されたのがＨＭＯという健康維持法人を中心とする管理医療型プランである。

高齢者・身障者対象のメディケアには約４１００万人、低所得者対象のメディケイドには約３９００万人が加入（合計で全人口の26％）、そして無保険者は約４７００万人もいる。

医療情報化に関するタスクフォース

２０１１年5月に発表された高度情報通信ネットワーク社会推進戦略本部（ＩＴ戦略本部、本部長は内閣総理大臣）の「医療情報化に関するタスクフォース報告書」によると、①「どこでもＭＹ病院構想」、②シームレスな地域医療連携、③レセプト情報等の活用による医療の効率化、④医療情報データベースの活用による医薬品等安全対策の推進がうたわれている。

①は、医療機関から個人の医療・健康情報を受け取り、みずから管理・活用するため、運営組織のサーバにアクセスして閲覧・書きこみを行う構想で、13年度から段階的に実施予定。

②は、二次医療圏*で「地域連携ネットワーク」を作り、病院・診療所・介護事業者が医療・健康・介護情報を共有する。また、都道府県レベルで地域協議会を設置し、情報連携・統一管理・運営を行うとされ、15年度から実施の予定。東日本大震災では津波でカルテ等の流失も多く見られたが、医療特区構想で、患者および住民の生体情報と診療、診察サンプルを一元管理する「東北メディカル・メガバンク構想」も出ている。これは家族単位の診療情報の集積になる。

③は医療・調剤レセプト、健診データを集積し、医療費適正化に活用（ただし、匿名化）する構想で、二次利用として疫学研究等のために第三者に情報提供するという。13年度から実施予定とされているが、東京都では「癌患者データベース」がスタートしている。民間でも健保組合のレセプトデータを製薬企業が利用しているという（12年1月30日の日弁連シンポから）。その他④は全国の大学病院5ヵ所に１０００万人規模のデータを収集するデータベースを構築するなどして医薬品等の安全対策を推進するという。

***二次医療圏**　「一次医療圏」は、身近な医療を提供する医療圏で市町村単位。「二次医療圏」は、手術

や救急などの一般的な医療を完結できるエリアのことで、地理的なつながりや交通事情などを考慮して複数の市町村を単位としている（医療法第30条の4で規定）。「三次医療圏」は、原則として都道府県単位。

国の一方的なデータ利用

国家が個人データの掌握を強力に行い、一方的に現金や現物で給付を行うという社会保障の制度は、国家と国民との力関係をも一方的なものにする。国は「ほどこす」存在であり、国民は「ほどこされる」存在へとおとしめられる。

憲法に明記された「権利としての福祉」から遠のき、「職権主義*」へと近づく社会保障像に、福祉分野の研究者からも疑問の声があがっている。筑波大学の江口隆裕氏は「番号制度は、きめ細やかな

＊職権主義　社会保障や福祉分野では、本人の申請・届出を待たずに行政がその判断で処理することをいうが（本人申請・届出によることを届出主義、申請主義という）、今回の番号制度では、もう少し一般的な意味合いで使用される。番号制度で社会保障サービスがひもづけられることにより、給付と負担のバランスを検証することが可能になる、とされている。健康保険制度を例にあげれば、「協会けんぽ」に加入していた会社員が退職して無職あるいは自営業になった場合などは国民健康保険に加入することになるが、申請主義のため申請しなければ無保険状態に陥ってしまう。そのようなケースで、行政が情報連携基盤を活用して加入漏れを見つけ、職権で加入させることが可能になるという。子ども、障がい者、高齢者などに関する各種給付金や手当の申請についても同様だ。

社会保障給付の十分条件ではあっても、必要条件ではない」「本人の申請に基づき、市町村や保険者の窓口、ソーシャルワーカーなどが必要な支援を行えば、総合合算制度は実現できる」「職権主義への移行が、本当に望ましいかどうかについては、慎重な検討が必要」という。さらに、「番号制度によって多くの国民が社会保障制度から利益を受けるとは考えられないにもかかわらず、個人情報が自由に利用されるようになり、しかも顔写真入りのICカードの作成、提示が全国民に義務づけられる。将来的には、より幅広い行政分野や民間サービス等にも活用するとしている。それは、国だけでなく、民間事業者も一体となった国民管理社会の実現である」と指摘する（『週刊社会保障』2011年7月25日）。

結局、共通番号は「よりきめ細やかな社会保障給付の実現」にはならず、今後の政権に都合よく使える個人データの収集装置として現れるだろう。これまでの社会保障政策からみて、集められた個人データは、反対に社会保障の抑制や医療の市場化へと利用されるだろう。「社会保障を充実させるための番号」という宣伝がうそであることを最もよく知るのは、全国のシンポジウムで共通番号を説明している社会保障改革担当室かもしれない。

1-2 公平な税制にはならない

社会保障・税番号大綱の「番号制度で何ができるのか」には、社会保障の次に「所得把握の精度の向上等の実現」があげられている。「税務当局が取得する各種所得情報や扶養情報について、『番号』又は『法人番号』を用いて効率的に名寄せ・突合することが可能となり、より正確な所得把握に資する」という。

これは、共通番号が納税者番号としてはたらくことを指している。現在も税の申告には、課税庁（国税庁、各税務署）と納税者のあいだだけで整理番号が使われているが、共通番号は勤務先や取引先といった第三者にも知らせることになる。第三者は、給与額や取引額の内容を法定調書として課税庁に報告し、課税庁は納税者からの申告と照合して申告もれを防ぐというのだ（図2）。

納税者番号の性質

納税者番号は自営業者らの収入を正確に把握する制度とされ、財務省のほか、労働組合「連合」なども実現を求めてきた。しかし、小売店が客に商品を売るたびに番号を要求するのはほぼ不可能で、海外との取引でも扱えない。大綱も「全ての取引や所得を把握し不正申告や不正受給をゼロにすることなどは非現実的」と認めている。

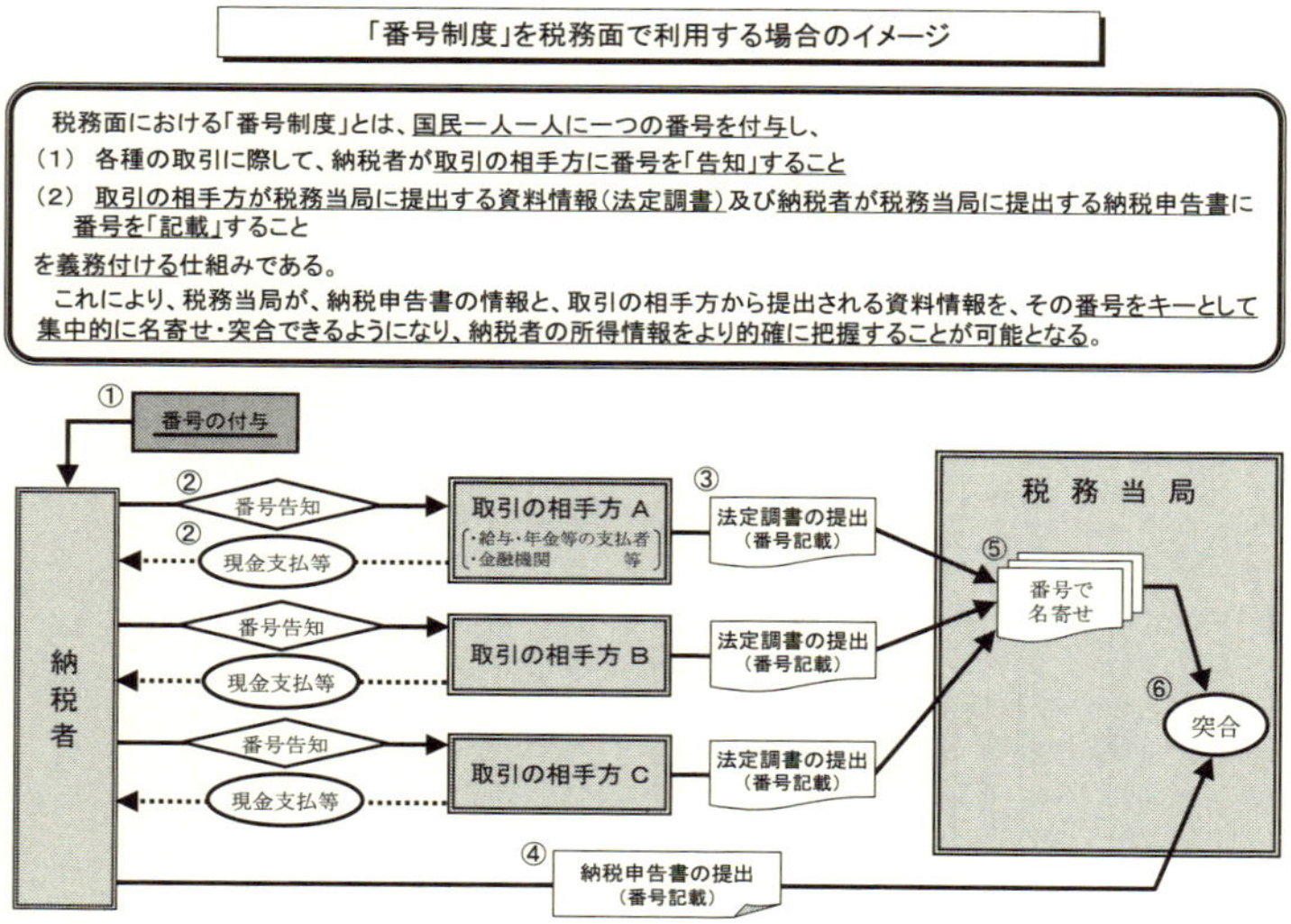
「番号制度」を税務面で利用する場合のイメージ
税務面における「番号制度」とは、国民一人一人に一つの番号を付与し、
（1） 各種の取引に際して、納税者が取引の相手方に番号を「告知」すること
（2） 取引の相手方が税務当局に提出する資料情報（法定調書）及び納税者が税務当局に提出する納税申告書に番号を「記載」すること
を義務付ける仕組みである。
これにより、税務当局が、納税申告書の情報と、取引の相手方から提出される資料情報を、その番号をキーとして集中的に名寄せ・突合できるようになり、納税者の所得情報をより的確に把握することが可能となる。
① 番号の付与
納税者
② 番号告知
② 現金支払等
取引の相手方 A
・給与・年金等の支払者
・金融機関 等
取引の相手方 B
取引の相手方 C
③ 法定調書の提出（番号記載）
税務当局
⑤ 番号で名寄せ
⑥ 突合
④ 納税申告書の提出（番号記載）

図２　財務省による「番号制度を税務面で利用する場合のイメージ」
出所：http://www.mof.go.jp/tax_policy/summary/tins/n03.htm

市民団体「プライバシー・インターナショナル・ジャパン」（ＰＩＪ）副代表で、税理士の辻村祥造さんは「番号を導入しても税の公平性は変化せず、むしろ番号の重圧を実感する結果になるだろう。給与所得者の不満は、そもそも自営業者と税制が違うことにあるので、源泉徴収制度を見直し、還付を受けられるようにするべきだ」と指摘する。

番号を扱う民間の第三者は、仕事関係だけではない。銀行で口座を開設するとき、ローンを組むとき、不動産会社で土地や家を購入するとき、生命保険や医療保険に加入するとき、病院で受診するとき、進学するとき――売買や保険に関係するさまざまな場面で、番号告知とカードの提示が必要になる。こうして民間団体にも番号が広がり、その下に個人情報データベースが作成される。このため政府は、共通番号に対応する別の「符号」を団体ごとにつけ、情報の種類や提供先を法律や政省令で限定するという。

だが、本人が持つ番号はひとつ。いずれにしろ、その番号に情報が「ひもづけ」される。番号の提供は任意でも、提示しなければサービスが受けられないなら、提供先は自然に広がっていく。そして番号の利用価値は、民間企業にとって高い。辻村さんは「同一企業グループ内での個人プロファイリングがまず進む」とみる。「銀行、証券、クレジット会社などは必然的に連携する。銀行でローンを組もうとしたら、『過去に消費者金融での事故歴がありますね』と指摘されるようなケースが起きる」と。

同様に、医療機関が扱う病歴や健康情報には、保険会社や製薬会社が高い関心をもつ。米国では、共通番号化した社会保障番号（SSN：Social Security Number）を使って、就職希望者の背景調査が増えている。個人情報は企業にとって、リスクを相手方に転嫁し、利益を最大化する手段なのだ。

国税庁オンラインシステム

大綱は、納税者番号が必ずしも税の捕捉につながらないことを十分に認識、先の引用（「全ての取引や所得を把握し不正申告や不正受給をゼロにすることなどは非現実的」）につづけて、「『番号』を利用しても事業所得や海外資産・取引情報の把握には限界があることについて、国民の理解を得ていく必要がある。しかし、これら全てが完全には実現できないにしても、番号制度の導入と制度改革による一定の改善には大きな意義がある」と開き直っている。では、「一定の改善」とはなにを指しているのか？　現在の納税制度では、それほど「脱税」が横行しているのだろうか？

国税庁では現在、ＫＳＫ（国税総合管理）という全国オンラインシステムが稼働している。１９９５年から順次導入され、２００１年に全国５２４すべての税務署が一元的なコンピュータネットワークで結ばれ、02年度の申告から使用されている。これにより申告所得税（確定申告書、青色決算書、収支内訳書）、資産税（相続税申告書、贈与税申告書）、法人税（申告書、法人事業概況説明書）、源泉所得税（所得税徴収高計算書）、酒税（納税申告書）、管理（納付書）などの帳票類がオンライン化された。同システムの導入で、「処理される各種税務データの範囲が大幅に拡大し、情報の多角的な分析と随時の活用が可能になることによって、効果的な調査の実施等適正・公平な課税が図られる」とされている。また、国税庁事務管理センターのホストコンピュータで納税者の申告情報や資料情報等を一元的に管理し、活用して多角的な分析を行い、一例として税務調査対象者の選定、滞納整理、対象事案の抽出などを行っている。運営経費は、01年度で５８２億円、10年度は２２３億円とされ、国税職員数は10年間ほぼ５万６０００人台で推移している。

このように現行の国税システムでも、所得はおおむね効率的に捕捉されているといって間違いない。税理士のあいだではＫＳＫシステム全面稼働前に、名寄せすればその納税者の過去の申告情報がどの税務署でも閲覧できることをはじめ、所得が年度によって不規則に変動するとか、企業では同業種の平均と比較して大幅に異なっている、償却資産残高が不自然な推移をたどる、特定の費用が突然多額計上されるなど、いくつかの条件設定をして検索をかければ不審な納税者はすべて網にかかるのではないか、と話題にもなっていたようだ。

このシステム以外の面で、私たちが日常、金融機関を利用する際の次のような運用状況からも、脱税は容易ではなく、相当程度緻密に課税されている。

- 預金口座開設の際に身分証の提示やコピーなどを必要とする本人確認制度が厳格に実施され、また、一定額以上の引き出しの際も、本人確認や使途を聞かれる。
- 有価証券の譲渡益について、本人確認制度が導入されている。
- 生命保険金支払いの際、保険会社などからの法定調書で税務署は把握している。
- 利子や配当金について、配当支払調書等で所得額や源泉徴収税額が把握できている。

捕捉できない現金取引

ＫＳＫシステムによってここまで把握できている個人と事業者との収入を、共通番号によってさらに押し広げられるのか。大綱は、「民」（納税者本人）→「民」（取引相手）→「官」（税務当局）というすべての過程で唯一無二の番号を告知し、告知されることで、それが可能になるという。

番号を告知される側とは「取引相手」だが、税務当局に提出する資料情報「法定調書」には、給与、退職金、報酬、料金、家賃、地代、不動産等の譲渡対価、不動産等のあっせん手数料などが含まれている。取引相手とはすなわち勤務先の会社や事業所、金融機関、不動産会社、生保・損保会社、医療機関、学校法人などで、ここが番号告知を受け、告知された番号を付けて税務当局に提出する。

また、告知する側、つまり「納税者」が税務当局に提出する「納税申告書」にも、当然のこととして番号を付ける。これを税務当局が名寄せして突合する。

だが、スーパー、コンビニ、個人商店、さらには農家の庭先無人スタンドなど、すべての商取引に番号を利用することはほとんど不可能である。農林漁業者が自分のための食事に使用した自家生産物を、全部収入申告することも考えにくい。

韓国では、1997年の通貨危機によるIMF管理化を契機に、金大中大統領がIT化政策を強力に推進、それ以降、クレジットカードの取り扱いが小規模店舗でも奨励され、また、レシートが所得控除などにも使用できるようになり、事業所得の捕捉が向上したとされている。しかし、観光客など外国人が利用する土産物店や飲食店、あるいは韓国人が利用する飲食店や商店でも現金払いに対してレシートなどが発行されないケースを多く見かける。捕捉の向上は、税務調査などと抱き合わせて行われたためだと思われ、いわれるほど完璧とは思えない。まして日本では、小規模商取引での電子的管理・把握はそう容易なことではない。

共通番号推進の立場からも、税の捕捉に関しては懐疑的な意見が出ている。2011年9月に和歌山市で開かれた政府主催の番号制度シンポジウムで、和歌山経済同友会代表幹事の樫畑直尚氏は、「給与所得者、自営業者、あるいは農業者、漁業者、それから政治家と、職種によって捕捉されやすいもの、されにくいものというのはもともとあるわけで、この番号制度によってそれが画期的に変わるというわけではない」「現金だけで決済されていくものについては課税の対象にならないので、この番号制度がアンダーグラウンドマネーに対して切り札となるようなことは期待できない」と発言した。

さらに監視される給与所得者

樫畑氏は続けて、重要なコメントをした。「もともと捕捉されやすい分野の職種は、所得捕捉に関してさらに精度は上がるが、そうでないものとの格差が広がるということだ。不公平感が出てくる可能性もあるので、実業界からも苦言を呈しておきたい」。

ここに、大綱の述べる「一定の改善」の対象、つまりさらに税金を捕捉されることになる対象がみえてくる。もともと捕捉されやすい職種、それは給与所得者である（次頁コラム参照）。日本の給与所得者は、源泉徴収という世界でも類をみない「天引き」制度によって、すでにもれなく課税されているので、主に税額控除の面で共通番号が変化をもたらす。個人全員に番号がつけば、扶養控除や配偶者控除のチェックはほぼ完璧に行われるだろう。これまでだと、たとえば、高知県に住む親と京都府の大学に通学する子との扶養関係は、子が京都府で扶養控除額を超える収入を得ていたとしても、京都府で源泉徴収はされても、高知県で扶養控除のチェックはできなかった。だが番号で家族内の突合が可能になれば、高知県でも扶養控除からはずれることがわかる。配偶者に控除額以上の収入があった場合も、同様である。

また、これまで実名で働きにくかった業種では、事業者は雇っている者の源泉徴収票にその人の共通番号を記載せずに給与や報酬を払うことが不可能になる。パート、アルバイト、日雇いでの就労者など、本名を名乗りにくい事情をかかえた就労者は相当な数にのぼるが、その是非は別として、労働と課税・納税とが完全にリンクすることにより、社会の地殻変動が起こるかもしれない。


番号制度シンポジウムでの所得に関する政府側の説明

所得把握の精度の向上等の実現について、たとえば税の分野などでどう使われるかというと、申告書や源泉徴収票などに現在は住所、氏名、所得金額などを記載するが、番号制導入後はそれらに加えて番号を書くことになる（今の申告書に番号を書く欄が増えるだけ）。たとえば扶養控除というのはそういう調書を出すが、扶養している相手の番号もつけて出すようになると、その番号で、相手が誰に扶養されているかがわかるので、二重に扶養控除を受けることができなくなる。現状だと、被扶養者は、単に住所、氏名しか書かないので、名寄せすることは（論理的には可能だけれども）実務的には不可能。番号制によって名寄せが容易にできるようになるので、不正を防ぐことができるようになる。

（11年9月9日、和歌山会場での向井治紀・内閣官房社会保障改革担当審議官の発言要旨。議事録は http://www.cas.go.jp/jp/seisaku/bangoseido/symposium/wakayama/gijiroku.pdf）

クロヨンは真実か

かつては、納税者番号制度の導入が「クロヨン」なり「トーゴーサンピン」といった、農林漁業者、自営業者、給与所得者など職業分野ごとの所得捕捉率の格差を「不公平税制」の象徴ととらえ、是正の切り札と喧伝されていた。「クロヨン」とは9・6・4、「トーゴーサンピン」とは10・5・3・1のことで、所得捕捉の割合が9あるいは10割なのは給与所得者、6あるいは5割なのは自営業者、4あるいは3割なのは農林水産業者、1割なのは政治家という意味だ。

典型的なクロヨン世論は、給与所得者が「天引き」されていることへの不公平感に依拠したものが多い。「なぜ自営業者は税金が減り、可処分所得が増えるのか。年収を押さえて税金を安くする一方、非課税の枠内で家族に給料やアルバイト料を支払う。さらに生活費を経費にしてしまう。これで所得税、住民税、社会保険料が大幅に下がる」「所得がガラス張りのサラリーマンは悲劇的な状況にある」など、このような声はしばしば聞こえてくる。

一昔前だが、税制改革についての地方公聴会で「労働総同盟」(当時)地方組織の幹部によって次のような情緒的発言がされたこともある(発言要旨)。

「レストランに家族で食事に行き、いざ精算になって、前のお客さんが、お父さんとお母さんとお子さん二人で精算しておる。奥さんが、領収書を下さいと言うわけだが、自分がこういう領収書を切っていただいても持っていく場がないし、ただの紙くず同然だ。(…)私たちサラリーマンは今、制度上認められた必要経費に対する不公平感、怒りを抱えているんじゃないかと私は思っています。

自分の同期の者でも自由業者、要するに自営業者が立派な車に乗っているし、服装も派手だし、私はおごってもらうばかりなのだが、どうも憎らしいなと思うような、そういう不公平感を持っている。（…）私たちサラリーマンの場合は完全に把握されているから、こういう面でどうにもならないというのがある。こういうことに対して憤りを感ずるのが今の現実だ。ぜひ不公平感をなくしていただきたい」（88年11月9日に熊本県立劇場で意見聴取、第113回国会税制問題等に関する調査特別委員会で報告）

また、民間大労組の自動車総連はその政策提言で、①利子・配当、株式譲渡など資産性所得を含めた所得の総合課税化を図る、②適正な所得捕捉を進めるため、納税者番号制度の早期導入を図ると触れている。

所得捕捉の差異については、今でも議論百出の状況だ。だが、「クロヨン」などは論理的にはほとんどないということを03年、当時は内閣府政策統括官（経済財政―景気判断・政策分析担当）だった大田弘子氏らが分析している。まず大田氏らは、自営業者らに認められる事業経費の控除に対し、給与所得者を対象とした「給与所得控除」の有利性をむしろ強調している。

現行制度に基づき給与所得者と事業所得者の課税最低限、実効税率などの比較を行った結果、給与所得者のほうが制度上有利となっている。事業所得者において専従者控除を用いた所得分割を行ったとしても、給与所得者の共働き世帯と比較すればその差は無いことになる。

この要因としては多額に及ぶ給与所得控除の存在が挙げられる。（…）必要経費の概算控除としては過大であり、また他の所得との調整としても現在の就業構造や社会環境に照らし適切とはいいがたい。ただしその縮減を考える際には、源泉徴収と申告納税の違いなどからくるクロヨン批判などの、税務執行上の不公平感の解消が必要と考えられている。

そしてクロヨンと称される所得捕捉率の格差について近年のデータを用いて検証を行った結果、いまだその存在を否定はできないものの、格差はかなり縮小してきていることが示された。その背景としては、税務執行体制の強化や、農業分野における構造変化や所得標準の廃止等の要因が考えられる。*

また「クロヨン問題は、いわれるほど大きくはない」と述べている税理士もいる。長谷川博税理士は、「納税者の税務申告の代理を行う税理士の立場から見ても、個人事業者の所得把握が不十分であるとはいえず、ほとんどの納税者は誠実に申告しているというのが実感である」という（『税制研究』47号、2005年1月「政府税制調査会答申と納税者番号制度の問題」）。

最近では、課税庁がクロヨンを認めているという公式発表もないばかりか、クロヨンが事実だとい

---

*現行制度に基づき……考えられる。　出所は内閣府「経済財政分析ディスカッション・ペーパー・シリーズ」の大田弘子・坪内浩・辻健彦「所得税における水平的公平性について」（http://www5.cao.go.jp/keizai3/discussion-paper/dp031.pdf）。

う報道も聞かない。「納税者番号制度を導入することにより、より所得捕捉率を高めるということであれば、すべての消費者を含む経済取引者に番号を付与し管理する『取引監視社会』を想定しなければならない。日本がこのような監視社会になることを目指しているのかどうかは問われなければならない」と長谷川氏はいう（同前）。

データベースだけが増殖

大綱や法案概要では、個人情報の告知が義務づけられると、個人情報の漏洩やプライバシー侵害が進むおそれがあるので、これらには厳罰をもって対応するという。しかし、勤務先と労働者、金融機関と預金者、不動産会社と土地売買などの関係者、生保・損保会社と受取人・支払人、医療機関と患者、教育機関と学生・生徒に保護者など、民間機関に番号つきの個人情報はどんどん集められ、データベース化されていく。

番号の民間利用が進めば進むほど、事業者間での情報連携が進むことは、自然の理である。生保会社と医療情報、不動産業と金融機関、退職所得や利子・配当所得と金融機関などの利用は禁止されるといくら説明されても、（サービスを受けるためにやむをえない場合など）本人が任意で提供することまでを防ぐことはできない。

共通番号制は「社会保障と税の一体改革」のなかで現れ、収入をより正確に把握し、その結果を社会保障給付に活用するために必要だと位置づけられた。が、これまでみてきたように、本当にすべての収入を捕捉することは不可能であり、むしろ給与所得者だけが厳重に課税されることになる。自営業者でも富裕層は海外に資産を移し、現金取引分を隠すことができるかもしれないが、中下流層にはそのような余裕はない。「公平な税制」どころか、さまざまな部分で、新たな不公平感と、矛盾、窮屈さがつのるだろう。

「社会保障と税の一体改革」は、消費増税に偏りすぎている。11年政府税制調査会は「格差の是正や所得再分配機能等の回復のため、各種の所得控除の見直しや税率構造の改革を行う」とし、専門委員会は「財源調達力を回復するための車の両輪として、消費税と所得税が重要」としているが、これらの論のほうに、より説得力がある。現行税制は高額所得者を過度に優遇している。累進課税にもかかわらず、1億円超の高額所得者になると、逆に税負担率が下がってしまうことのほうがむしろ不公平であり、優遇税制を見直すことを基調とした税制改革こそが最優先されるべきではないか。

また、現在の日本の税制は国と地方とで分担されている。共通番号制は、とくに国税庁に多大な権限を与えることになる。現行のKSKシステムの精度を高めることは必要かもしれないし、限定的な納税者番号は否定できないかもしれないが、国に強い権限を集中していくような制度変更は、地方自治体の役割を低めることになる以上、疑問だ。

最後に、新たな大量の申告者の誕生という課題も指摘しておきたい。政府が導入をめざしている給付付き税額控除については、1975年から先行実施している米国の例をみると、還付申告をして給付金（所得補償）を受けるワーキングプア層が、税務署への申告対象者として加わることになる。米国では申告支援のための税理士制度や支援を目的とするNPOなどが存在しているが、日本で実施する場合、そうした対応は検討されているのだろうか。現行の国税庁5万6000人体制から増員するのか、アウトソーシングで対応できるのか、それとも米国方式を採用するのか、いずれにしても税務行政への新たな負担が避けられないことも指摘しておく（プライバシー・インターナショナル・ジャパン発行『CNNニューズ』No.53所収、河村たかし・石村耕治「給付（還付）つき税額控除と税務支援」に詳しい）。

1-3 被災者の救済にはならない

カードのある人だけ優先？

「大災害時における真に手を差し伸べるべき者に対する積極的な支援」。これは東日本大震災後の2011年4月28日に発表された「社会保障・税番号要綱」において、初めて盛りこまれた。3・11以前の同年1月28日発表の「社会保障・税に関わる番号制度についての基本方針」では、ひと言も触れられていなかった。

要綱に続いて、6月に発表された社会保障・税番号大綱では、「番号制度で何ができるのか」で、社会保障の充実、所得の捕捉のあとに「災害時の活用に関するもの」があげられた。次のとおりだ。

①災害時要援護者リストの作成および更新、②災害時の本人確認、③医療情報の活用、④生活再建への効果的な支援。政府が大急ぎで考え出した項目は、震災で「非常時」に直面した心理では、いかにも役に立ちそうに見えるかもしれない。11年8月に石川県金沢市で開かれた政府の番号制度シンポジウムでも、番号制度創設推進本部の峰崎直樹事務局長は「番号があれば、被災者の救済に向けて役に立ったのでは、と仙台市長が言った。税と社会保障だけでなく、番号は他のことにも役立つ」と話した。「被災地からも番号が求められている」というイメージがつくられようとしている。しかし、こうした発言は、どれだけの具体性をもっているのだろうか。

①災害時要援護者リストの作成については、同じシンポジウムで、岩淵正明弁護士から「名前と住所だけで、どうしてリストができないのか?」と反論された。②災害時の本人確認にしても、被害にあった人々が共通番号カードを持って避難するとは限らない。カードをもっている人への援助が優先され、カードをもっていない人への援助が後回しにされれば、災害現場での差別を生む危険性もある。赤ちゃん、寝たきりのお年寄り、認知症の人がカードを持ち出すことは不可能に近く、自力で動ける人であっても、24時間カードを携帯しているわけではない。カードを持ち出せなかった場合、11桁以上の数字をそらんじることができる人はどのくらいいるだろう。

災害現場では、被害にあったすべての人に、まず生きるために最優先の援助を平等に提供する必要がある。どこのだれか、などという識別は、二の次のはずだ。どこのだれだかがわからなければ、食事や寝場所を提供しないということは、あってはならない。

こうした現場を最もよく知る、被災自治体の職員から、次のような手紙が届いた。

「共通番号は震災対応に役立つか」について考えてみます。

着の身着のままで震えながら冷え切ったおにぎり一個で夜を明かしたあの夜。

災害初期の段階では、誰が誰であるのか、ということよりも、「誰が無事であるのか」という安否情報と、「いま食べる物」が最大の課題であり、まさに避難民の群れとなった住民への衣食住の世話に終始していました。その段階では「数」を把握し、被災者のニーズへの対応で精いっぱいでした。その状況にあっては（地元）住民であるかないかは関係ありません。すべての被災者・避難者を対象に、迅速・平等なサービスが求められたのは当然です。要するに、「生き残っている人が、どこに、何人いるのか」が、すべての始まりであって、そこが出発点となります。

医療にしても、地域の基幹病院が生き残っているかどうかが大きく影響します。本人のけがや病気などは、自己申告がすべてであり、それに基づいた医療サービスがなされているのであって、本人の病歴確認が行われるのは、ずっと後からです。

今回のような波高10〜30メートルという津波は、日中に発災し、ほとんどの人が起きている時間帯であったからこそ助かった方々が多くいました。しかし、発災が夜間だとすれば、何倍もの人が亡くなっていたと想像される規模です。

ICカードの情報は、持ち出せて初めて使えるものだし、今回の震災は発災直後に停電となりましたから、夜間であれば、ほとんどの人がカードの非常持ち出しはできない状態になったはずです。何にも持ち出せないことを前提に、災害時を想定しなければ、想定の意味がありません。また、仮にその上で情報を統括する国（企業）があったとしても、今後予想される規模で被災した場合は、想定されていないようです。これは原発事故に見られるように致命的な欠陥です。共通番号という形で、情報を一極集中させるということは、もし、その管理するところが被災した場合、大事な情報をリンクしていればいるほど、統御不能に陥りやすい性格をはらみます。効率化の裏面には必ずリスクを背負っていることを、数々の原発事故が教えています。つまり、今回の大震災からは「情報の集中」ではなく、「分散」を教訓として受けとめるべきです。

保険証も運転免許証も車も財布も家も流された今回は、複数の情報から本人を特定できる自治体職員の質に支えられたのであり、生き残った住民基本台帳や固定資産税情報が、復旧の柱となったもので、このことに不足を感じている職員はいません。要援護者リストは、市役所の機能が生きている限り、過不足なく整えられたし、本当に必要なのは、住民と直に接する経験を積んだ人手（パーソンパワー）だけでした。不必要なアイテムは、迅速な処理に水を差すばかりか、邪魔でさえあります。

さすがに、国は〈大綱で〉共通番号のことを、震災の初期から役に立つとは強弁できず、仕方なく「中長期的」なスパンで役に立つ、と主張せざるをえなかったのでしょう。

しかし、〈大綱でいう〉その支援の中身もよく見てみると、おかしいのです。例えば、服薬情報を漬けこんで、必要な薬品を届けることができる、というのを見てみると、数千〜数万人単位で避難した場合、そんな情報に頼ってはいられません。とにかく必要と思われる資材すべてを迅速に届けなければなりません。服薬している被災民を誰が特定できるのでしょうか？　どこに避難しているかもわからないのに、どうやってその情報を届けるのでしょうか。窓口で、避難者からカードをあずかって入力して送るのでしょうか。誰がそんなまどろっこしい方法を取るというのでしょうか。カードがなくても対応は十分できた、それが今回の震災の教訓ではないでしょうか。

さらには、医療情報が漬けこまれていれば、という前提に立って利活用を説くのは、はたして妥当でしょうか。そもそも記録された医療情報をそのまま使うというのは、情報の質として「参考」程度にしか扱えないはずです。そんな「参考」情報を作って維持するのに、膨大な金と数万人の手を煩わせ続けるというのは、政策としていかにも間抜けです。

どうも私たちの実感からすれば、自治体の事務として積み上げてきた年金業務を、多くの反対（地方分権推進下での逆行という状況だった）を押し切って、国に吸い上げ、その結果歴史に残る大失敗をしでかしたものだから、起死回生策としてすがりついた挙げ句の話ではないかと思われ、これこそ本当の「恥の上塗り」でしょう。

国が共通番号を通じて、いろいろな利点をいえばいうほど、とくにそのことが震災で役に立つなどと、いわれればいわれるほど、「現場を知らない」官僚とがっぽり儲けるであろうＩＴ業界に対して腹が立ちます。

ところで、情報大国日本では、戸籍と住民基本台帳、外国人登録という世界でも稀な「人間」探知システムを持っており、実に周密な住民管理のネットワークを誇っていると、自治体職員は感じています。その上にまたぞろ屋根をかけていく、この動きはいったい本当は何を狙っているのかと勘ぐるのですが、これは自治体職員の「健全」な反応と思います。

どうかそんなことよりも、そんなものよりも、自治体職員を正しく理解してください。国に先駆けて全面支援を行った「関西広域連合」、休みなく応援要員を送り続けるボランティア団体、黙々と支援してくれるこういう人びとに拍手を贈ってください。「国は破れても自治はあります」。

「番号があれば、被災者の救援に役立つ」というのは、目の前の人間を助けなくてはならない現場の発想ではない。被災者とその支援者を管理する立場からの発想だ。そこには、「援助金を二重取りできないようにしたい」という疑いから、「だれがどこでなにをしているのかを把握したい」という統治する側の欲望が、隠れている。

共通番号の被災地での活用は、「ないよりはあるほうがいい」といった程度の想像では、とうてい正当化されない危険性をはらんでいる。生きるか死ぬかの瀬戸際にある人々への援助に、個人の識別を前提として持ちこむことになるからだ。確実な個人の識別が必要となれば、ＩＣチップを体内に埋めこむところまで話はいとも簡単に発展する。共通番号と生体認証情報（顔写真や指紋、虹彩など）をセットで登録しておくことも、次には提案されるだろう。共通番号は、こうして「非常時」を理由に、巨大な個人監視システムへと成長する可能性をもっているのだ。

住民サービスの現場は自治体

ここまで、共通番号制が社会保障にも、税にも、被災者救済にも役立たないことを検証してきたが、この過程で、共通番号が利用される納税、福祉、医療、介護、労働、年金分野の行政手続きの多くを現在、地方自治体が担っていることに気づく。共通番号制は、住民と直接顔をあわせてやりとりしてきた自治体の仕事に、国が介入してくるシステムでもある。

日本の地方自治体を基礎とした住民サービスの長い歴史を振り返ると、住民福祉を国の機関が直轄して行うことには多くの無理がある。国の機関は、住民の実態を把握していないのが現実だ。たとえば、年金事務は国の仕事だが、自治体がその多くを担ってきた。地方分権に逆行して、社会保険庁に一元化されて以降、納付率は急降下し、制度破綻へと一気に突き進んだ。

年金も、医療保険も、社会保障も、法制度の立案は中央政府や国会の役割かもしれないが、現物給付や現金給付を実行してきたのは、住民を相当程度に把握し、住民の目線や生活感覚に近い自治体だった。このことは、税金を例にしてもよくわかる。国税である所得税のための税務申告は、一定の収入を得た人に申告義務が課されているものの、全国民および居住外国人には義務づけられていない。しかし、地方税である住民税は、毎年1月1日現在で居住している自治体への申告が義務づけられている（地方税法第294条、第317条の2）。つまり、収入があってもなくても、居住する自治体への申告は行われる。もし、無収入あるいは低収入によって申告しない住民がいても、福祉の給付を受けるためや、国民健康保険制度を利用するため、国民年金の納付免除を申請するため、就学援助を受けるためなど、日常生活の多くの場面で無収入の証明が必要となるので、住民は地方自治体に対し、みずから申告することになる。

地方自治体は住民の収入状況をはじめ、多岐にわたる個人情報・世帯情報を収集、保有している。現金給付については、早くも忘れられそうな「定額給付金」の支給事務の例がある。この事務は市区町村にゆだねられて大きな負担だったが、自治体はなんとかやりとげた。もしこれを国の出先機関が実施していたら、住民登録と現住地が一致している住民や、連絡の取りやすい住民、給付金をすぐほしい住民とはコンタクトできたとしても、登録と現住地が不一致だったり、家族構成が異なっていたり、住んでいても郵便が届かない家だったりした場合、当人を探し当てることは困難だったろう。

社会保障・税番号大綱は、共通番号によって「真に手を差し伸べるべき人」を把握し、その人びとにもれなく社会保障を行きわたらせるとし、複数の分野での保険料納付や給付を名寄せし、恩恵を与えるという。これが民主党政権のめざす「住民サービス」であり、「シアワセ国家」像なのだろう。だが、社会保障、とりわけ福祉を「サービス」でなく、憲法に定められた「権利」として考えれば、共通番号によって現金給付と現物給付を国の職務権限で実施するのは適切ではない。住民の権利意識の向上と、権利を実際に行使しやすい身近な窓口、自治体での手続きこそが、憲法にかなった社会保障像であろう。

きめこまやかな福祉の実施には、多くの人手と生の個人情報が必要とされる。同じ所得額でも、家族構成、資産状況、居住環境などによって、貧困度や満足度には個人差が生じる。自治体は、そうした実態を把握する役割を果たし、時代に即して住民の新たなニーズを発見してもきた。共通番号で名寄せした、記号のような個人情報によって、社会保障が拡充・増進することはありえない。

社会保障・税の一体改革には、個人の現金給付さえすればよく、人手と時間のかかる福祉政策は削っていく、というにおいが感じられる。たとえば、月額一律10万円の最低保障年金を給付する、あるいは給付付き税額控除で年収300万円を保障するとなれば、これまでの社会保障の個別政策は後退させざるをえない。国から一定金額を保障されたら、あとは自助努力でなんとかしろという政治の責任逃れにもみえる。新自由主義的な市場の論理に、社会的弱者の生存権まで任されてしまう。

私たちはいま、目先の現金に惑わされず、権利としての社会保障と福祉がどうあるべきなのかを考える必要に立たされている。そして、権利としての社会保障と福祉は、一方的に番号をふられて、機械的に管理される中央システムからではなく、足を運び、個別の事情を説明し、とことん話し合いができる、身近な自治体から始まっていくはずだ。

1-4 結論

以上のように、共通番号制は社会保障・税番号大綱に掲げられた「よりきめ細やかな社会保障給付の実現」にも、「所得把握の制度の向上等の実現」にも、「災害時における活用」にも、役立たない。

共通番号は、社会保障の分野では財源不足のなかで給付の抑制に使われる可能性が高く、所得把握の分野では中下流層の給与所得者からますます厳しく税を取り立てる手段となって公平な税制を実現できず、災害現場に個人の識別をもちこんで、目の前で危機にひんしている人々をすみやかに助ける障害になる。

一見、「弱者救済」が特色のような大綱に並んだ美しい言葉とは裏腹に、共通番号によって集められた個人データは、国や企業に都合のいいように使われ、人々のあいだにいま以上の格差を生んでいく。私たちは、この「弱者救済」のイメージに隠されたうそを見抜くだけでなく、共通番号が「弱いものいじめ」の積極的な手段となることに気づく必要がある。これは、社会保障に役立たないだけでは終わらない。これは「あってもなくてもよい制度」ではなく、中立でも無害でもない。個人に有害な、統治の道具なのだ。

この章では、主に政府の共通番号制法案化への過程と、民主党の政策という現在の日本政治の枠組みから、共通番号制が政府やメディアの主張どおりのものではないことを示した。だが、共通番号が弱者救済にそぐわないことは、番号制度の性質それ自体から考えても、同じように行き着く結論だといえる。番号は、ふる側にとっては相手を管理するのに便利だが、ふられる側にとっては自分を管理する権限を相手に与えることになる。こうして「強い国家」が生まれる。

続く第Ⅱ、第Ⅲ章では、こうした番号の性質と、番号制が発達してきた状況を分析する。私たちは、共通番号制を導入する前に、これまでのさまざまな番号制について反省する必要があるし、そこには、この第Ⅰ章と同様の結論を導くだけの十分な材料がある。

第Ⅱ章

四十年の挫折

——変わり続ける目的、膨大な浪費、住基ネットの末路

住民一人ひとりへの一元的な付番、その番号に基づく個人情報の共有、そしてＩＤ（識別）カードの所持という共通番号制の三本柱は、実は、民主党政権下で考え出されたものではない。１９６０年代後半には、産業界から「生産性の向上」を目的とした「一億総背番号」の夢が提唱され、コンピュータ技術をフルに活用した人間管理システムのイメージができはじめた。これが「国民総背番号制」と呼ばれるようになった。

80年代には「公平な税制」を目的に、この総背番号制が「グリーン・カード」として、実際に政治の場に登場したが実用化されず、90年代には毎年のように億単位の税金を使って、全国各地の自治体でＩＣカード実験がくり返された。このとき、実験の目的は「行政の効率化」「住民の利便性の向上」へと転換し、それがそのまま99年の住民基本台帳法（住基法）改正に引き継がれた。この改正によって２００２年、世論の強い反対を押し切って、住民基本台帳ネットワークシステム（住基ネット）がつくられ、国民一人ひとりへの一元的な付番という総背番号制の土台が完成した。

だが、この住基ネットが「行政の効率化」にも「住民の利便性の向上」にもならなかったことが、数年で判明する。住基ネットは、利用されるはずだった行政手続きのうち、年金業務以外にはほとんど使われなかった。希望者だけに発行する「住基カード」の累計枚数は、８年たっても全人口の５％

分にも満たなかった。住基ネットの構築を押しつけられた市町村はいま、膨大な維持費に苦しんでいる。

効率化も利便性も達成できなかった政府は、今度は「社会保障の充実」を共通番号制の目的として引っぱり出してきた。それと同時に、改正住基法が禁じた個人データのマッチングや名寄せを可能にし、政府も企業も番号に基づいて集めた個人データを幅広く使えるようにしようとしている。

「社会保障」という目新しい旗にごまかされてか、住基ネットを批判していた新聞、テレビも共通番号制には賛成一色へと転換し、その問題点を報じるニュースはほとんどない。だが、この章では、過去40年の国民総背番号制への策動が失敗を重ね、今日に至るまで膨大な税金の無駄づかいをしつづけていることを振り返る。

2-1 「ムダなＩＴ予算の典型」となった社会保障カード

健康保険証、介護保険証、年金手帳、母子健康手帳、病院の診察券を一枚のカードにまとめ、さらに住民票の写しの自動発行や、地域電子マネーの機能をもたせたら——。

こんな厚生労働省の「社会保障カード」実証実験が２００９—10年、全国7地域（千葉県鴨川市、三重県名張市、和歌山県海南市、香川県高松市、島根県出雲市、福岡県糸島市、長崎県大村市）で実施された。カードにはIC（集積回路）チップを埋めこみ、異なる種類のデータを記録できるようにして、1枚のカードでどれだけ多様なサービスができるかを試みる実験だ。共通番号制で「本人確認」のため発行されるIDカードと、ほぼ同じ仕組み、同じ機能だ。

福岡市のベッドタウン化が進む糸島市（人口10万）では2010年5月、国民健康保険証か乳児医療証を持つ市民を対象に、市報やメールマガジンを通じて参加者をつのった。しかし募集人員5000人に対し、応募したのは市職員など約1000人にとどまった。

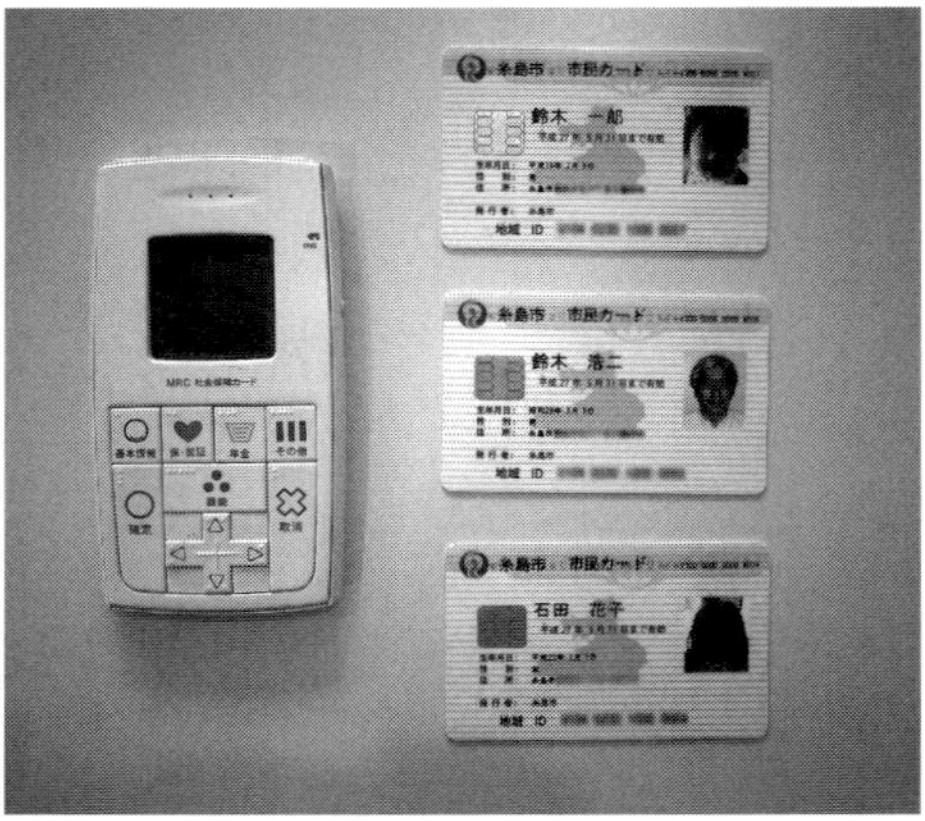

写真2　福岡県糸島市の「社会保障カード」実証実験で使用されたカードの見本。左側の機械は視覚障害者用カードで、音声が出る。共通番号制のカードも、同様にICチップが入り、電子マネーなど他の用途に使える機能をもつ（カード情報の一部をぼかしてある）

この参加者にICカードを配布し、7—8月に市内の小児科、産婦人科、急患センター、大型小売店、市役所などにカードの読み取り機を置いて、母子手帳への書きこみ、保険証の有効性の確認、印鑑証明の発行などができるようにした（写真2）。が、2ヵ月間に利用した人はごく少数で、全員に配った事後アンケートは161人からしか回収できなかった。

糸島市の中村鉄弥・情報政策課長は「もっと有効なカードの使い方はあると思うが、市民がどこまで望んでいるのかはわからなかった」と話す。

アンケートでは、ICカードの便利さを実感したという回答が多かった半面、「カードが1枚になることが怖い」「紛失時に危険」「国の費用の無駄づかいではないか」「必要ない」といった記述も目立った。実験を主導した九州大学の石田浩二准教授らは最終的に、「利用者の責任で自分の情報をコントロールできる環境をつくり、希望者のみに対応するのが効果的。そうでなければ、システムの導入は進まない」と結論づけた。

この実験には、糸島市だけで約3億円、全国7ヵ所で計23億円が支出された。

「社会保障カード」構想は自民・公明政権時の2006年、社会保障費の抑制を目的とする社会保障番号の導入の検討から本格化した。翌年、「消えた年金」問題が発覚すると、当時の安倍首相は「社会保障番号のようなものをつくれば処理も容易になる」と、11年度中のカード交付を決定。しかし、政権交代後の事業仕分けで、「ムダなIT（情報技術）予算の典型」とされ、10年度予算への計上見送りを判定された。

2-2 「国民総背番号」の出発点

こうした国民IDカードを人々に持ち歩いてほしい、各人の個人情報をすぐに取り出せるようにしたいという願望は、ここ数年で高まったことではない。１９６０年代に行政にコンピュータが導入されると、とくに政財界から「生産性の向上」のため、国民総背番号制を求める声が高まった。行政管理庁（現総務省）は70年12月、「事務処理用統一個人コード設定の推進」を発表。その必要性を、次の点にあるとした。

①行政対象としての国民個人の正確な把握は、行政の基本的な前提条件であり、統一個人コードの実施によってそれが確実になること。
②個人コードの統一化は、他のデータコードの標準化と異なり、膨大な経費と期間を要し、その管理も複雑であるため、国家的規模で進める必要があること。
③個人コードが各機関でばらばらに設定されており、データ交換、データ相互利用の障害となっていること。

統一個人コードが人々の安全を守るという「理想郷」を描いた本が同じ年、日本生産性本部から発行された。タイトルは『一億総背番号』。著者は、改憲に熱心な元国会議員で、医師の中山太郎氏。交通事故にあった「N氏」が、IDカードのおかげで的確に識別され、過去の医療情報に照らして適切な治療を迅速に受け、事故後の裁判や再就職までスムーズに進んだ、という物語だ。個人情報が完全に共有された結果、完璧な「いのちの管理」が実現した「１９９５年初夏」の風景である。

迅速で的確な医療は、ＩＤカードによる「国民の利便性」の代表例として強調されたが、実際にはこれと並行して、納税者番号の導入も画策された。１９８０年、仮名によって非課税貯蓄（マル優）の口座をつくれないようにするため、「グリーン・カード」法案が国会で可決された。だが、銀行や郵便局から預貯金流出の懸念が出て、導入されないまま85年に廃案になった。

「一億総背番号」の理想は、その始まりから、福祉や医療サービスが個人向けに「完璧になる」ことをアメに、国が一人ひとりから税金を一円残らずしぼり取るというムチとセットで提案されてきた。今回の共通番号制の導入役となった「社会保障と税の一体改革」は、これにぴたりと符合する。社会保障の充実というイメージばかりが先行しているが、その保障は法律のどこにも書かれていない。消費税の大増税だけが、実際には先行している。

70年代から80年代にかけて、総背番号制がそう簡単に実現しなかったのは、出回り始めたばかりのコンピュータへの警戒心が、まだ一般に強かったからだといえる。統一個人コードに対しては、１９７６年に『くたばれコンピュートピア！――労働現場のシステム化と国民総背番号制』（津川敬・鈴木茂治著、柘植書房）という本が出版されている。この本は「もともと資本の側がコンピュータを導入する目的はただひとつ、『生産性向上と人べらし』であった。その効果を大きくするためにだけコンピュータは発達してきたのである」ととらえる。技術革新に直面した労働運動から、最初の「背番号反対！」の声があがったことがわかる。

80年代までに国政の場で総背番号制を実現できなかった政財界は、90年代に入って自治体をモデルケースに普及を図る。先の「社会保障カード」の原型となる多機能ＩＣカード実験が、さまざまな省庁の事業として全国各地で始まった。

2-3 ＩＣカード実験は失敗続き

「社会保障カード」実証実験を実施した島根県出雲市は、実は１９９１年にも、厚生省（現厚生労働省）と自治省（現総務省）から補助金を受け、約6億円をかけて同様のＩＣカード実験をしていた。血液型や緊急連絡先をＩＣに記録し、医療に役立てる「福祉カード」である。65歳以上の市民７７００人に、カードを配布した。

だが、市内75ヵ所の医療機関に端末機を置いても、医療の現場からは「カードで血液型がわかっても、手術時には実際に確認する必要がある」など、消極的な意見が相次いだ。カードを持つ側にも、既往症を知られたくないといった声があり、救急医療で実際に利用されたのは1件だけだった。なんとか利用率を上げようと、「福祉カード」から18歳以上の「市民カード」に衣替えし、キャッシュカードや図書館カードの機能も追加したが、希望者は対象人口の1割にも満たなかった。

さらに出雲市で発行された「児童カード」は、福岡県糸島市の社会保障カード実験のサービス内容とよく似ている。「児童カード」を役所や産婦人科に設置されたカードリーダーに入れると、母子手帳情報が呼び出される。4ヵ月健診時に首がすわっていたか、1歳6ヵ月で上手に歩いたか、といった「運動機能・精神発達状況」の記録から、アレルギー歴、家族の既往症欄まであった。

岩国哲人市長が「現代のお守り札」として推進した出雲市のカード事業は、結局どれも定着せず、交代した西尾理弘市長は97年、カードの発行を中止した。カードは明らかに、人々に必要とされなかった。2009―10年の社会保障カード実験の結果は、10年以上前にすでに出ていたのだ。

他の地域の社会保障カード実験をみても、サービス内容は、医療や福祉以外の分野なら図書館利用、商店街の買い物ポイント、役所の証明書発行と、1990年代前半のICカード実験からほぼ変わっていない。自治省は91年から94年までに、このようなICカードを利用した「地域カードシステム」の実験場に、山形県米沢市、茨城県北茨城市、岡山市、長崎県諫早市、北海道岩見沢市、静岡県豊田市、鳥取県米子市など17地域を指定した。郵政省（現総務省）、運輸省（現国土交通省）、通商産業省（現経済産業省）なども、全国の自治体で場所を変えながら、毎年のようにカード実験をくり返してきた。近年では「対テロ戦争」向けの新たな使途として、法務省が05年、出入国審査業務用のカード使用と、生体情報の取得についても調査研究している。

こうした事業を請け負ってきた組織も、20年間一貫している。日立、NTTデータ、NEC、東芝、富士通といった大手IT企業だ。社会保障カード実験では、日立やNTTデータなどがそれぞれ約3億円を受け取った。IT企業の経産省をはじめとする官庁への売りこみは常態化し、契約の経緯の不透明さが監査制度によって再三指摘されている。1990年代から2000年代にかけて、ICカード実験に費やされた税金は、総額何兆円にものぼるであろう。その合計が明らかでないのは、省庁の「たて割り」が隠れみのとして利用されているからだ。

これらのＩＣカード事業は、国からの補助金がなくなると同時に、実験場となった自治体でも廃止された。そのたびごとに、国民ＩＤカードが人々にまったく求められていない制度であることが証明された。だが、官僚、企業、政治家たちが浪費した税金と実験の失敗を反省することはなく、逆に出雲市のように名目を変えて同じような実験が継続された。税金だからこそ、だれも責任を取らないまま、すでに結果の出た実験を「新事業」として続行できたのだ（企業の自前の実験なら、とっくにとりやめになっている）。そして、なかなかカードを利用しない人々に、なんとか利用させる方法を見つけ出そうとしてきた。

出雲市でカードを熱心に推進してきた原隆利市議は、かんばしくなかった結果について、当時の新聞取材にこうこぼしている。

「カードは身分証明書のように全員に持たせなければ成功しない。だが、自治体には強制力がなかった」（１９９９年10月20日付朝日新聞）

国が強制力をもって、カードを全員に持たせればうまくいくはずだ、というのが、裏返しのメッセージだ。つまり、ＩＤカード所持を義務化する理由を見つけることが、人々にそっぽを向かれた推進派の課題になった。

2-4 国が自治体を乗っ取る

1992年、自治省は「異動情報ネットワーク部会」で「95年度をめどに住民基本台帳の個人番号を一本化」するよう提言し、94年に「住民記録システムのネットワークの構築等に関する研究会」を設置した。自治体が個別に管理している住民基本台帳をまとめあげ、国が住民に一元的に番号をつけるという構想が、ここで公になった。人々にいっこうに支持されないどころか、反発まで受ける総背番号制を実現するため、「総背番号」とはいわず、自治体を隠れみのにして国民に番号をふる方法を考え出したのだ。

この研究会が中間報告を発表する段階まで、マスメディアの大半は国民総背番号制に批判的な論陣を張っていた。が、研究会委員に主要マスコミの論説委員クラスが加えられて、変質が始まる。96年には最終報告が出され、さらに自治大臣の私的懇談会として設置された「住民基本台帳ネットワークシステム懇談会」に、財界、労働組合、消費者団体、自治体、メディアから委員が選ばれた。こうして反対世論の切り崩しと懐柔が図られていったようだ。

法案化のプロセスは、97年6月に「住民基本台帳法改正試案」が、98年2月に「改正案骨子」が公表され、3月に住民基本台帳法（住基法）改正法案として国会に提出された。改正案は、次の三点を主軸にしていた。

①高度情報化社会に対応した行政情報化の推進
②全国共通の本人確認システムの構築、および一定の行政機関への本人確認情報の提供
③市町村別に管理する住民基本台帳を基礎とするネットワークの構築

つまり、自治体にある住民基本台帳に記載された個人情報を、全国的なコンピュータ・ネットワーク上でつなぎ、国に「提供」させる仕組みをつくる、ということだ。しかし、住基法はそもそも第1条で、次のような考え方を示している。

第一条（目的） この法律は、市町村において、住民の居住関係の公証、選挙人名簿の登録その他の住民に関する事務の処理の基礎とするとともに住民の住所に関する届出等の簡素化を図り、あわせて住民に関する記録の適正な管理を図るため、住民に関する記録を正確かつ統一的に行う住民基本台帳の制度を定め、もつて住民の利便を増進するとともに、国及び地方公共団体の行政の合理化に資することを目的とする。

第三条（市町村長等の責務） 市町村長は、常に、住民基本台帳を整備し、住民に関する正確な記録が行われるように努めるとともに、住民に関する記録の管理が適正に行われるように必要な措置を講ずるよう努めなければならない。

住民票は法律に基づいて、日本国籍をもつすべての人の居住関係などを記録する制度だが、その管理主体は市区町村にあるということだ。戸籍や外国人登録制度は、直接には国の仕事として定められ、市区町村が事務を委託されている。だが住民基本台帳は、市区町村の固有事務である。そこに記載された住民の個人情報に、国が直接手を出すことはできない。その住基法を全面的に換骨奪胎し、国の管理制度につくりかえたのが改正案だった。

この強引な手法は、不自然な条文構成となって、法案に如実に現れた。改正案は、同法の第30条（米穀の配給を受ける者に係る届出の特例）に続き、第30条の2から第30条の44までの約120項目の条文を新設し、「第4章の2　本人確認情報の処理及び利用等」として、住基ネットの創設に必要な文言を押しこんだ。つまり本来なら、まったく新しいシステムとして新法を制定すべき内容なのに、ただ目立たせたくないという理由だけで、ほとんど意味をなさなくなった第30条と、第31条から始まる「第5章　雑則」の間に、大量の改正案を無理やり挿入したのだ。通常なら条文解釈として、「第30条」と「第30条の2」にはなんらかの関連性があるはずが、ここではなんのつながりもない。住基ネットが「付属品」としてはあまりにも重い比重になり、官僚の作文としてもあまりにも体裁の悪い法案になったのは当然だった。

だが、自治省はなりふりかまわず、全自治体の住基台帳情報に番号がふられ、ネットワーク化されることによって、「全国どこでも住民票がとれるようになる」「転入転出の手続きが一度ですむ」と宣伝した。改正法案の中身はほとんど報道されることなく、自民・自由・公明の連立政権はわずかな審議を行い、それすら途中で打ち切って、1999年8月12日に参議院本会議で委員会採決を省略して、改正法案を強行採決した。

国は住基法を乗っ取ることで、自治体の事務を乗っ取ることに成功したのだ。

2-5 住基ネットは「国のシステムではありません」

こうしてほとんど世論の注目を浴びることなく、国民総背番号制の第一歩、住民基本台帳ネットワークシステムは誕生した。住基ネットは、市区町村にある住民基本台帳に記録された一人ひとりに11桁の番号「住民票コード」をつけ、このコードと、氏名、生年月日、性別、住所、これらが変更された場合の履歴の計6情報を、コンピュータに入力して、国や他の自治体と接続し、これまでの一市区町村の枠を超えて、交換できるようにした。

国への提供はこれら6情報に限定されるが、住民票の写しを住所地以外で取ったり（広域交付）、転入先で転出証明を取り寄せたり（転入転出手続き）する場合には、住民基本台帳の他の記載事項、最大14項目（世帯主、戸籍、国民健康保険、国民年金、介護保険に関する情報）も、自治体間でやりとりされる。

個人情報の目的外利用を防ぐため、住基ネットによって国などに個人情報を提供してもよい事務の内容は、93項目に限られた（その後の法改正で、現在は国や他の自治体へ提供する295事務にまで拡大）。自治省は「国民総背番号制だ」という批判をかわすために、住基ネットを「地方公共団体の共同のシステム」と呼び、法案では都道府県を運営主体として位置づけた。この都道府県から運営を委託されたかたちで、国の指定情報処理機関がシステムを管理する。法案成立後、この機関には自治官僚の天下り先、財団法人「地方自治情報センター」が指定された。

実質的に国が号令をかけ、国が管理する仕組みを、形式的には都道府県を主体とし、市区町村に作業させ、国はその管理者として入りこむという、ねじれたシステムがこうして構築された。私たちはよく、「ルールを守ろう」といったり、法律違反になることを恐れたりするが、こんなごまかしに満ちた一方的な法律を前にすると、「法律遵守」の意味について考えこまざるをえない。

うそもくり返し宣伝すれば、真実としてまかり通るということだろうか。住基ネット稼働直前に、自治省から移行した総務省が配ったカラー・パンフレットには、住基ネットは「国が管理するシステムではありません」と、大きく印字されていた。

住基ネット推進派の本音

住基ネット推進派は、稼働直後の02年11月12日付朝日新聞（大阪本社版）のインタビュー記事で、早くも本音をみせている。この記事で、元総務官僚の百崎英氏は「住民票がどこでも取れるとかは、どちらかと言えば端っこの話だ」と発言し、「今は国民のみなさんに小さな範囲で住基システムを使ってもらって、安心感を植え付けてから段階的に進もうと、政府は考えているはずだ」と明かした。「本当のことを隠そうとして、土壇場になって『これです』とやるような、役人の体質は変えなきゃならないと僕も思う。国民が驚くくらいの情報を出して、国として議論をしていくべきだ」と。

このように、歴代政府の官僚、とりわけ自治、総務官僚は、一貫して国民総背番号制の導入を追求してきた。ただし、「国民総背番号制」と呼ばれることを嫌って、耳ざわりのよさそうな用語を使い、さらには「国家による管理」と決めつけられることを恐れてきた。しかし、今回の「社会保障・税番号」は、堂々と国家による付番と管理を正面から打ち出した、三段跳びの「大ジャンプ」といえるだろう。

2-6 反対世論と民主党

改正住基法案を強行可決した第145通常国会（1999年1月19日～8月13日）は、戦争放棄や個人の尊重をうたう日本国憲法から出発した戦後政治を、大きく転換させる国会となった。重要法案が次々と、自自公政権の数の力で押し切られた。「周辺事態」という意味不明な造語を駆使してまで、自衛隊を国外で米軍の戦争行動に協力できるようにする新「日米防衛協力のための指針（ガイドライン）」関連法案を皮切りに、日の丸・君が代を法制化する国旗・国家法案、捜査機関に盗聴を許す通信傍受法案が、可決されていった。
慎重審議を求める世論の関心は、先行したこれらの法案に集中した。最後に残った改正住基法案は地味で無害そうな名前に隠れて成立した。「住民基本台帳ネットワーク」が新聞やテレビで取り上げられることは、ほとんどなかった。

強い反対が巻き起こったのは、それから3年後、住基ネット稼働の夏を迎えてからだった。

最初に反旗を翻したのは、自治体だった。前年からネットワーク構築のために研修に呼び出され、休日返上でテストに忙殺されていた職員のぼやきは高まっていたが、国に都合よく使われることへの不満は、02年に議会や首長の動きとなって明確に現れた。8月の稼働前までに、延期の要望書を総務省に提出した市区町村長は49人、同様の意見書を採択した自治体議会は73市区町村議会、2県議会にのぼった。まさに、改正住基法のゆがみが引き起こした反発だった。

住基ネットは、住民と直接対面する市区町村が長年かけて確立してきた個人情報の慎重な取り扱い基準を、国が破壊する行為でもあった。99年4月までに全国の市区町村のうち、約半数にあたる1529自治体が、個人情報保護条例を制定していた。そのうち、住民の個人情報を扱うコンピュータを国などの外部団体と接続することを禁じた条例は、525。これらの自治体にとって、住基ネットは「条例違反」の存在となったのだ。

反発を強める自治体に対し、元自治官僚の片山虎之助総務相は7月20日、大分市で開かれた市町村長向けの講演会で「住基ネットに参加しないのは法律違反だ」と脅しをかけた。もはや「国のシステムではありません」とうそぶいている場合ではなかった。だが、一方で「延期を求めているのはごく少数。今までかけたお金をどうするのか。サイレントマジョリティは稼働を待っている」と、国による強制を民意であるかのように装った。

だが、その2日後の22日、福島県矢祭町の根本良一町長が、全国の自治体で初めて、住基ネットへの不参加を表明した。続いて、東京都杉並区の山田宏区長、国分寺市の星野信夫市長も不参加を表明し、横浜市の中田宏市長は、希望する住民だけが参加する「選択制」をとると発表した。2002年8月5日、住基ネットは6自治体の約411万人分の情報を欠いたまま、スタートした（同日、一次稼働、2003年8月25日、二次稼働）。

次に行動を起こしたのは、住民一人ひとりだった。市区町村から個人宛てに「住民票コード」の通知が始まると、受け取り拒否や返却が相次いだ。稼働直前に、警察官が市職員の立ち会いなしに戸籍情報を見ていたことが発覚した熊本市では、9月上旬までに1550世帯が受け取りを拒否した。高知市でも同じ時期までに5200件、大阪市でも1100件、名古屋市でも700件を超える拒否が出た。「選択制」をとった横浜市では、区役所に足を運んで不参加の手続きを取った人が83万9539人、人口の約24％にのぼった（10月16日、横浜市発表）。「住基ネットを考える福岡市民の会」のように、地域で市民団体を結成し、自治体に不参加を申し入れる行動も数多く起きた。こうした動きが、のちに全国14地裁で起こった「住基ネット差し止め訴訟」へとつながっていく（2－12コラム「住基ネット差し止め訴訟の成果」、112ページを参照)。

政党では、共産党、社民党のほか、野党時代の民主党も、住基ネットに一貫して反対していたことを忘れてはならない。民主党は99年4月26日、「プライバシーを守り、国民総背番号制、国民皆登録証携帯制に反対する議員連盟(略称プライバシー議連)」を発足させた。以下の議員が名を連ねた。

顧問：熊谷弘、座長：石井一、座長代行：仙谷由人、幹事長：木幡弘道、幹事：上田清、坂上富男、佐々木秀典、葉山峻、原口一博、松崎公昭、事務局長：河村たかし、メンバー：石井紘一、石毛えい子、生方幸夫、海野徹、枝野幸男、小川敏夫、海江田万里、桑原豊、近藤昭一、竹村泰子、田中甲、樽床伸二、土肥隆一、永井英慈、細川律夫、藤村修、堀込征雄、前田武志、山本孝史、吉田公一、渡部周(計34名)

のちに、江田五月、川内博史、川端達夫、中田宏、福山哲郎、松沢成文、松本龍らも加わり、総勢67名に達した。

現在の政権に参加する者を含め、これだけの政治家が議連にいた。党内にも賛成派がいたり、労働団体も本音は原則賛成だったりといった複雑な背景があっても、反対派の呼びかけに少なくない議員が賛同したのだ。それに先立つ3月には、民主党の前田武志、葉山峻、河村たかし議員と公明党の富田茂之議員が訪韓し、韓国の市民団体、弁護士、政府のヒアリングを行っている。

さらに「民主党は、盗聴法と国民総背番号法に反対します」という8ページのリーフレットを作成し、「日本を窒息させてはならない」とも訴えた。このなかで、当時の菅直人代表は「人権や民主主義にかかわる問題が、自民・自由・公明3党の枠組みの中で議論なしに進められている。廃案に向けて全力を挙げ、ありとあらゆる知恵と経験を使って闘っていく」と述べ、鳩山由紀夫幹事長代理は「なぜいま窒息するような社会を国民に提示するのか。国家と市民、どちらに重きを置いているのか。日本の社会をどのような方向に導こうとしているのか、これでハッキリした」と述べている。

民主党は、1999年12月、2000年11月、2001年6月、同年12月の4回にわたり、住基ネット廃止法案を国会に提出してきた。菅代表のいった「人権や民主主義にかかわる問題」は、民主党内でどこへいったのか。権力の座につくや、「窒息するような社会」を実現したくなったのだろうか。

2-7 「国民の利便性」にも「行政の効率化」にもならず

共通番号制は、住基ネットを土台にして高く広く築かれる、国民総背番号制の二階部分といっていい。住民票コードに対応する新たな番号を一人ひとりにふり、住基ネットにあった目的制限を全面的に取り払って、多分野の個人情報を束ね、交換する。

しかし、住基ネットは政府が目的とした「国民の利便性の向上」と「行政の効率化」につながったのだろうか？　『一億総背番号』の著者たちが約束したはずの、完璧にいのちを管理するバラ色の未来は到来したのだろうか？

２０１１年3月に総務省が発表した住基ネットの利用状況は、以下のとおりだ。

1　国の行政機関等への本人確認情報の提供

①国の行政機関等に対して本人確認情報を提供（年金支給事務、司法試験の実施など）約1億２０００万件

②地方公共団体に対して本人確認情報を提供（パスポートの発給、税務事務など）約５６０万件

③行政手続きにおける住民票の写しの添付を省略（パスポートの受給申請、免許等の申請など）約５１０万件

④年金受給権者の年金の現況届の提出を省略　約４０００万人分

2　住基法上の事務における市町村間の情報のオンライン化

住基ネットの活用により、市町村間の情報伝達が迅速となり、秘匿性・安全性も向上

例）従来、郵送で行われていた転入地市町村から転出地市町村への「転入通知」　年間４１０万件をオンライン化

本人確認情報の提供について、さらに詳細なデータを参照すると、09年度の提供件数は国全体で約

1億1500万件だが、そのうち1億1400万件は年金関係で、実に99・5％を占めている。もうひとつの例として挙げられている司法試験に関する提供は、1万1438件で、0・01％という比率だ（小数点以下を切り上げてやっと）。つまり、年金制度のためとまでいえるほど、住基ネットの用途は特化されている。

もちろん、住民票の提出が省略できたり、オンライン確認できたりすること自体は、便利かもしれない。しかし、初期構築に400億円、年間維持費に180億円、さらに各自治体で膨大な経費と人手をかけて維持されるシステムが、それだけのメリットというのでは話にならないだろう。総務省は2010年10月の事業仕分けを前に、住基ネットの年間効果を400億円から160億円に下方修正した（が、公表せずにいた。2011年3月8日付朝日新聞）。年金についても、年間1億1000万件といえば多くみえるかもしれないが、基本的には一人の人間に換算すれば、1年に1回の現況届けを提出する手間が省けた程度だ。

総務省はわざわざホームページで、「消えた年金5000万件」の発見にどのくらい住基ネットが役立ったのかを宣伝している。「日本年金機構の作業でも解明されなかった約5000万件のうち、約500万件が住基ネットの活用により解明」したそうだ。ただし、旧社会保険庁の作業で解明された記録が約3070万件とも書かれているから、手前味噌もいいところだ。

数字などのデータは、使い方次第でいかようにも解釈できる。1億件という見た目の多さにだまされてはいけない。国は結局、住基ネットを年金事務にしか使っていないのだ。

2-8 自治体に過大なコスト

市民団体「反住基ネット連絡会」は2010年8月、自治体が住基ネットにどれだけ経費を使っているのか、実態調査を開始した。これまでに、神奈川県横浜市（人口約356万）、埼玉県所沢市（同34万）、東京都桧原村（同3000）の3自治体でヒアリングや情報公開請求手続きを取り、2004～08年の年間平均を算出した。

それによると、住基ネットの年間経費をそれぞれの住民数でわった「住民単価」は、横浜市では23円、所沢市では71円だったが、檜原村では2239円にものぼった。また経費を、転入転出手続きや住民票の広域交付など、住基ネットを使った事務数でわった場合の「サービス単価」は、横浜市で326円、所沢市で621円、檜原村で3万2774円にもなった（表1）。人口の少ない自治体ほど、極端なコスト高になる傾向が判明したのだ。

総務省は「住基ネットは地方公共団体の共同のシステム」としてきたが、経費は事実上、国から自治体への地方交付税交付金によってまかなわれている。交付金ぬきに、檜原村が住基ネットを維持できるとは考えにくい。調査をまとめた反住基ネット連絡会の西邑亨さんは「3自治体の結果だけなので、この傾向を一般化することはできないが」と断ったうえで、「結局、住基ネットは国の運営するシステムであり、国は市区町村に不要なシステムを押しつけ、財政的自治権を大きくせばめている」

表1　住基ネットコストの自治体間比較

	住基人口（人）	住民単価（円）	サービス単価（円）
檜原村	2,951	2,239	32,774
所沢市	336,597	71	621
横浜市	3,563,384	23	326

＊人件費を含まない。
＊＊住民単価・サービス単価は2004～08年度の平均。
出所：反住基ネット連絡会編『いらない共通番号』

と分析する。

3自治体の住基ネット利用目的はいずれも8割以上が、住民の転入転出手続きのための通信だった。これは住基ネット導入以前、転入転出自治体間で郵送によって行われ、一世帯あたり80円の切手代ですんでいた。それに比べ、転入転出人数に住基ネットのサービス単価をかけた経費は、横浜市で約10倍、所沢市で20倍、檜原市で約980倍にもなる結果になった。

一見、住民単価、サービス単価ともにそれほど目立たない所沢市、横浜市でも、以前の事務処理より住基ネットのほうがコスト高となったことは、住基ネットが「行政の効率化」にならなかったことを示す。西邑さんは「住基ネットは失敗したシステム。このシステムをベースに共通番号制を設計するなら、失敗は継承されるだろう。徹底した検証が必要だ」と警告する。

2-9 必要とされなかった住基カード

さらに、住基ネットが「行政の効率化」にも「国民の利便性」にもならなかったことを示す端的な証拠は、住基カードの普及率だ。

政府は住基ネットが法案段階の1998年、住基ネット稼働後は国民の半数が住基カードを所持するようになるという試算を国会で提示した。そうなれば、年間470万件ある転入届の処理に使う公務員の時間が51・7万時間短縮され、人件費で18・7億円の節約になると計算した。また住民にとっては、住基カードによる手続きの簡略化で32・1億円の節約になるとした。

しかし、2003年から希望する住民に市区町村の窓口で発行されるようになった住基カードの累積発行数は、11年3月現在で約559万枚（総務省調べ）。日本の総人口の4・5％にも満たない。しかも、この累積枚数からは期限切れのものや、死者の分は差し引かれていない。官僚たちの予想を大きく裏切り、住基カードを求める人は、ほとんどいなかったのだ。

当然、国民の半数のカード所有を前提とした人件費の節約も成り立たなくなる。福岡高裁は06年、住基ネット差し止め訴訟の原告側から調査嘱託を受け、福岡県内14市町村を対象にアンケートを実施した。住基ネットの導入により、転入届の郵送費が削減されたと答えた自治体はあったが、それを上回る住基ネットの維持費がかかっていた。人員が削減されたと答えた自治体は、ひとつもなかった。

この訴訟の原告側代理人だった武藤糾明弁護士は「国の人件費削減案は、住基ネットのデメリットをすべて無視したうえでつくられた。そもそも、まったく新しいシステムを導入して、業務が減るわけがない。むしろ官僚が描いた無駄づかいの計画を、国会もだれも止められないことが問題だ」と話す。

ネットワーク技術に熟達した職員のいない自治体では、システムの維持は日立、富士通、東芝といったIT企業に丸投げされている。何年たってもコストの軽減しないIT公共事業なのだ。

沖縄県では、市民団体「住基ネットに反対する市民ネットワーク沖縄」が、住基カード発行開始の2003年8月から毎年、県内41市町村すべての住基カード発行状況を調査してきた。11年8月の調査結果によると、県内の住基カード発行枚数は、累計で6万6603枚、県人口に占める割合は4・68%。発行枚数は前年に比べて伸びたが、それは普及率を上げたい総務省が、特別交付税によって3月末まで発行を無料化したためと考えられる。役所で手続きをする際に「本人確認」書類が必要となるケースが増え、職員がとくに運転免許証を持たない高齢者などに対し、住基カードをIDカードとして取得するよう勧めていることも、影響したようだ。国はなんとか住基カードの需要をつくり、さらに税金を投入してまで、普及を図ろうとしている。

しかし、住基ネットの維持管理費は、県内で計1億1477万5880円、カード発行費用を合わせると1億4000万円を超える。カード1枚あたりの発行費用は、2110円にのぼり、小規模自治体にとってはカード発行自体が、赤字の要因になっている。国がこれにさらに税金を投入して、無料発行キャンペーンを実施したのは、赤字の火に油を注いだようなものだ。「市民ネットワーク沖縄」は、「住基ネットは、政府が進める税金のムダ削減のための仕分け対象とすべきだ」という結論を出した。

ICカード実験の集大成ともいえる住基カードも、こうして早晩消えゆく運命をたどっている。もはや国民総背番号制に、「国民の利便性の向上」という看板は掲げられない。

番号制を推進する人々は、またもや嘆いている。内閣官房社会保障改革担当室の向井治紀審議官は11年8月、金沢市であった番号制度シンポジウムで、この失敗を「住民のインセンティヴ（動機）の低さ」にあると発言した。私たちにカードを行きわたらせるために、共通番号カードには、カードを持ち歩かないとあちこちで手続きができなくなるという仕掛けがほどこされる。この「強制された任意」は、はたしてインセンティヴと呼べるのだろうか。

2-10 電子申請も大赤字

住基ネットにはさらに稼働後、「電子政府の実現」という目的がもうひとつ追加された。これは、改正住基法案を成立させた小渕内閣が、首相の死去によって森内閣へ引き継がれ、森喜朗首相が2000年9月、所信表明演説で「国民運動としてのIT革命」を打ち出したことから、あとづけされた目的だ。すべての国民がデジタル技術を基盤とした情報と知識を共有できるようにすることを目標に、従来の「紙」ではなくオンラインでもさまざまな手続きを可能にする「ＩＴ基本法」が成立し、01年1月に「高度情報通信ネットワーク社会推進戦略本部」（ＩＴ戦略本部）が設置されると、住基ネットは明確に産業振興のなかに組みこまれていく。

それに伴って、住基ネットの用途を広げようとする動きが強まる。世論の強い反対を押し切って、住基ネットが稼働したわずか4ヵ月後の２００２年12月に、「電子政府・電子自治体」を実現するための行政手続オンライン化関係三法案が成立する。この法案によって、住基ネットの使用目的は、93事務からいっきに２６４事務へと拡大した。04年からは、電子申請手続きに住基カードを組みこみ、カードが住民票の写しのはたらきをする「公的個人認証サービス」を開始させた。

だが、それでも住基カードの利用が伸びなかったように、電子申請そのものも利用されていない。「電子政府元年」とされた２００３年度から05年度までに、計1兆２６５３億円が投入され、96％の行政手続きがオンラインで可能になったにもかかわらず、利用率は1％以下だった（06年2月6日、衆議院予算委員会質疑）。そこでＩＴ戦略本部は、10年度までに電子申請の利用率を50％以上に引き上げるという目標を立て、08年9月に「オンライン利用拡大行動計画」を打ち出した。08年度の利用率は、平均で34％にまで上がったが、これはあまりに利用率の低い申請システムが廃止され、平均を押し上げたことが大きい。

たとえば、外務省のパスポート電子申請システムは、06年に廃止された。同年3月末までの2年間で申請者が133人だったのに対し、経費は21億3300万円。1枚のパスポートを発券するのに1600万円がかかっていた（06年7月5日付読売新聞など）。システムを開発したNTTコミュニケーションズとの契約料など、開発段階の20億円を含めれば、さらに高価なパスポートをつくっていたわけだ。

この湯水のような税金の無駄づかいは、財務省の予算執行調査によって明るみに出たが、その財務省自身も09年、行政刷新会議の事業仕分けで電子申請システムの廃止を判定された。たばこ販売業の許可や廃止の届け出などの電子申請利用率は、08年で0・09％。1件あたり33万円以上のコストがかかっていた。

効率化の代名詞のように考えられているIT化は、実は、けっして安価ではない。それどころかおそろしく高価な無用の長物をつくり続けている。

結局、住基ネットは「行政の効率化」にも「国民の利便性の向上」にも「電子政府の実現」にもならなかった。その失敗の責任は、またもやだれもとらず、浪費体質は共通番号制へと引き継がれようとしている。今度は、「社会保障の充実」を看板にして。

2-11 共通番号導入に弱者を利用

晩夏の集中豪雨が石川県を襲った2011年8月25日、政府が主催する「番号制度シンポジウム」が、金沢市の県地場産業振興センターで開催された（写真3）。会場の200席は、自治体職員や民主党を支持する労働組合「連合」の関係者ら、ノーネクタイの男性たちで埋まった。

12年度までに全国47都道府県をまわるこのシンポジウムは、金沢で6会場目。内閣官房に設置された「番号制度創設推進本部」の峰崎直樹事務局長（前民主党参議院議員）があいさつに立った。「振り返れば、歴代内閣がこの制度の実現に努力してきた。1980年代には『グリーン・カード』法案が可決され、機械まで用意されたのに断念。このときは徴税のためといわれたが、今回は国民の生活と権利を守るため、自己情報コントロール権を確立するために導入したい」と協力を求めて、頭を下げた。

「国民の権利を守るため」。峰崎事務局長が強調したとおり、今度の国民総背番号制の目的には、社会的弱者の救済をはかる社会保障が選ばれた。住基ネットが「国民の利便性」にも「行政の効率化」にもならなかったのち、高齢化と貧困が広がる時代の空気にぴったりの、理解が得られそうなキャッチコピーを考えたといえる。

第I章で詳しく述べたように、政府の社会保障・税番号大綱（11年6月決定）は、社会保障と税を一体的にとらえ、確かに「主として給付のための『番号』として制度設計すること」（5ページ）を明記した。大綱には、「主権者たる国民の視点に立った番号制度の構築」という副題がつけられ、ページをくれば「真に手を差し伸べるべき者に対する社会保障の充実」（4ページ）といった、やさしげな言葉が登場する。東日本大震災後の流行語まで駆使して、「弱者を助ける父（母）なる国家」像が演出されている。

写真3　政府主催の「番号制度シンポジウム」の会場入り口。12年度までに47都道府県で開催される。全国地方新聞社連合会が後援し、各会場で地元紙が共催。その論説委員らが司会を務める（8月25日、石川県金沢市で）

> 番号制度は、国民が国や地方公共団体等のサービスを利用するための必要不可欠な手段となるという、いわば国民と国・地方公共団体等との間の新しい信頼関係を築く絆となるものであり、その前提として国や地方公共団体等が国民一人ひとりの情報をより的確に把握するための仕組みである。（6ページ、傍点引用者）

これを作文した官僚は、善意で、理想家肌なのかもしれない。しかし、彼女あるいは彼は、「情報をより的確に把握」されたい「国民」がどれだけいるのか、という想像力を意図的に遮断している。「真に手を差し伸べるべき者」というが、生活保護や児童扶養手当を受け取っている人のうち、あるいは必要なのに門前払いされた人のうち、どれだけの人が自分の生活の詳細を国に知ってほしいと望んでいるのだろうか。むしろ、微にいり細にいり収入を問われ、洗いざらい家族関係をしゃべらされ、もうこんな屈辱と介入はこりごりと感じているのではないだろうか。そして、そんな経験のあげく、どうしてこんな思いをしなければ生きられないのか、どうしてこの国ではだれもが無条件に最低限の援助を受けられないのか、と絶望しているのではないか。でなければ、なぜ高齢者や子どもの餓死、ガス、水道、電気を止められての死、自殺、虐待が相次ぐのか。私たちは、助けを求められない、助けを求めれば疲れ果てうとまれる、「自己責任」の国に生きているのだ。私たちを把握して切り捨てる政治が、日常をかたちづくっているのだ。

すでに報じられている貧困層の窮状を意図的に無視して、国家が個人の詳細を把握することを「信頼関係」や「絆」と呼ぶのは、自分勝手な妄想であるだけでなく、困窮する人々をそうした状態へ追いやった政治の責任を隠蔽する行為だ。また、国家が個人に番号を強要し、本人の同意を得ずに情報を使う関係を、あたかも個人が自発的に全情報を提供している関係であるかのように粉飾している点で、私たちを洗脳しようとしてもいる。

「貧乏人をダシに使うな!」という叫びが、シンポジウム会場であがっても不思議ではなかった。が、会は予定された出席者だけで、つつがなく進行した。

2-12 それでも残るデータマッチングの違憲性

シンポジウムの開催地、金沢市は、住基ネットに対する初めての違憲判決が出た地でもある。住基ネット稼働後も、反対運動は根強く続き、札幌、東京、大阪、和歌山、福岡、熊本などの計14地方裁判所で、「住基ネット差し止め訴訟」が起こされた（コラム参照）。

政府の番号制度シンポジウムが２０１１年に開催された地域は、これら住基ネット差し止め訴訟が起こされた地と重なる。政府は住基ネットへの批判を取りこんで、共通番号制への「合意が形成された」という外観をつくろうとしているのだ（共通番号制に賛成する世論の操作については、第Ⅳ章4－3～5を参照）。

原告たちは、自分たちの個人情報が同意なく利用され、また目的外の利用や漏洩の危険性もあるため、個人の尊重を定めた憲法第13条が保障するプライバシー権、自己情報コントロール権の侵害に当たるとして提訴した。

憲法第13条は、「すべての国民は、個人として尊重される。生命、自由及び幸福追求に対する国民の権利については、公共の福祉に反しない限り、立法その他の国政の上で、最大の尊重を必要とする」と定めている。そこから、行政が個人情報を正当な理由なく収集したり、公表したりすることを禁じる、数々の判例が重ねられてきた。

2005年5月、金沢地裁の井戸謙一裁判長（当時）は、国と石川県、住基ネットを管理する地方自治情報センターに対し、原告28人の個人情報を住基ネットから削除するよう命じた。憲法第13条が人格権の一部としてプライバシー権を保障し、プライバシー権には自己情報コントロール権が含まれることを初めて認めた判決だった。

その論旨は、住民はある手続きに限って自己情報を開示したのに、その情報に住民票コードがつけられ、データマッチングや名寄せがされれば、住民個々人の多面的な情報が瞬間的に集められると認定。そうした事態が起きる可能性があれば、「住民一人一人に萎縮効果が働き、個人の人格的自律が脅かされる結果となる」と指摘した。したがって、住基ネットによるプライバシーの侵害は相当に深刻であり、国は「住民の便益」と「行政事務の効率化」を住基ネットの目的にあげるが、「こうした利益がプライバシーの権利よりも価値が高いとして、住民に押しつけることはできない」と結論づけたのだった。

この判決は06年12月、名古屋高等裁判所金沢支部で取り消された。だが、その直前の11月には大阪高裁で2件目の違憲判決が出た。ここでも「住民の個人情報が住民票コードを付されて集積され、データマッチングや名寄せにより、本人の予期しない時に予期しない範囲で行政機関に利用される危険は、具体的危険の域に達しており、住基ネットは、その行政目的実現手段として合理性を有しない」と認定された。

最終的に、最高裁は08年3月、住基ネットを合憲とする判決を出した。しかし、その根拠は、住基ネットで扱う6情報は秘匿性が高いとはいえないし、住民票コードはデータマッチングに使えないことになっているので、プライバシー侵害の危険性はないという論理だった。

共通番号制は、まさにそのデータマッチングを可能にするための制度である。情報を共有する範囲も、住基ネットの295事務から、年金、医療、介護保険、福祉、労働保険、税の全分野へと飛躍的に広がり、国会の議決を経ずに政省令で決定できる。情報は民間にもわたるので、ほとんど無制限な転用と、データマッチングが始まる。

金沢市での番号制度シンポジウムに出演したパネリスト5人のうち、共通番号制に反対する立場は、岩淵正明弁護士だけだった。岩淵弁護士は住基ネット差し止め訴訟の最高裁判例からみて、共通番号制は違憲性が高いと指摘した。「国民の利便性が高いというが、住基ネットは今どれだけ役に立っているのか？　利便性と自己情報コントロール権のどちらが優先するのかは、自分で決めさせてほしい。人権は少数者のためにあり、人権を侵害する番号制ならつくるべきではない」。

こうした批判をかわすため、大綱は監督機関の設置を記している。だが、岩淵弁護士は「監督機関の業務には『番号制の普及啓発』も記されている。制度を監督するはずが、実は推進するというのは、原子力安全・保安院と同じではないか」と、その独立性に疑問を投げかけた。

個人情報が国に把握されることは、個人の人格を侵害しないのか？　主権在民を萎縮させないのか？　利便性は本当にあるのか？——共通番号制の問題点がほぼ浮き彫りになったシンポジウムの最後で、推進する立場の安宅建樹・北國銀行頭取は言った。

「100%リスクをなくすことはできない。原発も一緒で、津波もくる。飛行機だって落ちる。それをいっていたら不毛の議論になる。その点も国民に理解させて、進めるべきだ」

「国民の権利を守るため」で始まったシンポジウムは、「リスクは国民の自己責任」で幕を閉じた。40年の挫折の果て、まだあやまりを認めたくない無責任な政財界のかけ声によって、私たちは望まない制度を背負わされようとしている。

住基ネット差し止め訴訟の成果

「住基ネット差し止め訴訟を支援する会」によると、住基ネット差し止め訴訟は、住基ネット稼働直前の2002年7月の東京地裁を皮切りに、神奈川、埼玉、千葉、栃木、福島、大阪、金沢、福岡、愛知、和歌山、神戸、札幌、熊本の計14地裁で17件提訴された。原告となった住民は計612人で、住基ネットを運営する都道府県、地方自治情報センター、国に対して、自己情報の通知、提供、保存、利用の差し止め、住民票コードの削除、損害賠償を求めた。これらの裁判は、憲法第13条に保障されたプライバシー権への侵害を訴えた憲法訴訟で、このほかにも、住基ネット稼働への一連の行政処分の取り消しを求める行政訴訟が各地で数多く提訴された。

地裁、高裁あわせて34の裁判があり、本文のとおり、金沢地裁（05年）と大阪高裁（06年）で原告の主張を認めるふたつの違憲判決が出た。

だが、最高裁は08年3月に大阪高裁判決を破棄し、11年5月に北海道訴訟の上告を棄却して、すべての差し止め訴訟が終結した。その直後の6月、民主党政権は「社会保障・税番号大綱」を決定したのだった。

一連の裁判では、金沢地裁、大阪高裁を含め、多くの地裁、高裁がプライバシー権に自己情報コントロール権が含まれることを明確にした。さらに大阪高裁判決は、住基ネットによって個人情報がデータマッチングされる具体的な危険性があると認定した。これに対し、最高裁判決は自己情報コントロール権には言及せず、住基ネットで扱われる氏名、住所、生年月日、性別、住民票コード、変更履歴の6情報は、「個人の内面に関わるような秘匿性の高い情報とはいえない」とし、データマッチングの具体的な危険性はないので、憲法第13条が保障する「私生活上の自由」を侵害しないと結論づけた。これは裏返せば、データマッチングに違憲性があるという判断で、データマッチングを目的とする共通番号制の根幹にかかわる。

データマッチングについての判断を示した判決部分は、以下のとおり（「本人確認情報」とは、6情報を指す）。

「データマッチングは本人確認情報の目的外利用に当たり、それ自体が懲戒処分の対象となるほか、データマッチングを行う目的で個人の秘密に属する事項が記録された文書等を収集する行為は刑罰の対象となり、さらに、秘密に属する個人情報を保有する行政機関の職員等が、正当な理由なくこれを他の行政機関等に提供してデータマッチングを可能にするような行為も刑罰をもって禁止されていること、現行法上、本人確認情報の提供が認められている行政事務において取り扱われる個人情報を一元的に管理することができる機関又は主体は存在しないことなどにも照らせば、住基ネットの運用によって原審がいうような具体的な危険が生じているということはできない。」

第Ⅲ章

国民IDカード

——全人口を識別する

共通番号制は、番号使用時の「本人確認」のため、私たち一人ひとりに顔写真つきのＩＤ（識別）カードを発行する。共通番号は、本人と個人情報を結びつける重要な鍵だから、私たちが番号を扱う際には、ほんとうに本人なのかを確かめなくてはならないというのだ。その手段として、共通番号カードの提示が求められる。法律上は任意で申請によって取得するが、それがなければ手続きができないとなれば、一人ひとりが持ち歩かざるをえない。強制色の強い初の「国民ＩＤカード」といっていい。

しかし、ＩＤカードの役割は、ほんとうに政府がいうように「本人確認」だけなのだろうか？　ＩＤはIdentification／Identity（識別／同一性）の略であり、カードによって所持者がだれであるかを見分ける。その結果、たとえばパスポートは、その人が入国できるかできないかを決め、運転免許証は、その人が自動車を運転してもいいかどうかを表示する。ある権利に「許可」と「不許可」の線引きをし、権利の「内側」に入る人と「外側」に追い出される人をつくりだすのが、ＩＤカードだ。識別の後には、必ず包摂か、排除かの結果が待っている。

またカードは、それが提示された時間や場所を記録することによって、その人物がいつ、どこで、だれと、なにをしたかをデータ上で追跡することができる。カードは人の移動を明らかにする。日本にいる外国籍の人々は戦後、外国人登録証明書というＩＤカードを持たされてきた。これはまさに、国内版パスポートとして、外国籍の人々の「動き」をとらえる手段に使われてきた。

この章では、こうしたＩＤカードの機能と、ＩＤカードが発達してきた歴史的な背景をみる。ＩＤカードとそれに採用されている生体認証技術（バイオメトリクス）は、近代に入って、とくに植民地支配との強いつながりのなかで開発されてきた。日本もその例外ではなく、こうした技術を用いて、植民地支配を脅かすと考えられた植民地出身の住民たちを「内なる敵」として識別し、見張ってきた。

その一方で、近代の日本は国民に対して戸籍と住民登録という、カードを伴わない国民ＩＤ制度を築いてきた。個人の家族関係と、居住実態を届け出させ、それを幅広い行政手続きのベースとして使用する両制度は、世界でもあまり例のない、厳密な識別制度といっていい。

共通番号カードは、この強固な基盤のうえに、屋上屋を架すようにして、配布される。これまで「内なる敵」を見張るために使われてきた技術が、市民一般へと対象を拡大するのだ。カードが「本人確認」という一面的な機能にとどまらず、一人ひとりの生活に監視と介入と排除という結果をおよぼすことは避けられないだろう。

3-1 強制された任意

民主党政権は、「国民ＩＤ制度」を共通番号制とは別個に、具体的に構想してきた。これはもちろん、１９７０年代にかたちになった『一億総背番号』の夢から、80年代の「グリーン・カード」、90年代から全国の自治体でくり返されてきたＩＣカード実験、そして住基カードへと至る「カード強迫症の系譜」にほかならないが、「高度情報通信ネットワーク社会推進戦略本部」（ＩＴ戦略本部）は２０１０年５月、「新たな情報通信技術戦略」のなかで、13年までに「国民ＩＤ制度」を導入することを明確に提案した。「電子行政に関するタスクフォース」を設置して、企業の技術者や研究者を呼び、もっぱら技術面でどうすれば実現できるかという議論を先行させた。国民ＩＤ制度が、人々の自由と権利に与える影響など、倫理面での検討は度外視されている。根本的な議論を避け、目標実現の手段に特化した議論をするのが、官僚的な仕事の進め方であり、タスクフォースの特徴だといえよう。

だが、国民ＩＤ制度の創設を正面から訴えることが厳しいのは、だれよりも官僚たちが知っている。よく似た仕組みの住民基本台帳ネットワーク（住基ネット）は、膨大な税金を投入したのに使われず、住基カードは普及率が人口の５％にも満たない不人気ぶりだった。そこで、並行して提案されていた共通番号構想のなかで、国民ＩＤ制度を実現させようという動きに収斂されていった。社会保障・税番号大綱に、「番号制度の将来的な活用」として、共通番号制をそのまま国民ＩＤ制度の基盤として使うことが書きこまれた（20ページ）。

住基カードは、希望者だけに発行される任意の証明書だった。ＩＣカード実験の段階から、こうしたカードは定着せず、第Ⅱ章2－3で出雲市議が述べたように、これを「全員に強制的に持たせたい」というのが推進派の課題だった。だが、人々に明らかに必要とされていないものを、強制する理由は簡単には見つからない。そこで推進派は、強制はせずとも、私たちがこのカードを持ち歩かざるをえないような仕組みを共通番号制で考え出した。

税、医療、福祉、介護、労働、年金の各分野に関係する手続きを、役所、勤務先、銀行、病院などでする際、私たちは共通番号の告知を求められる。私たちは番号を告知しなければサービスを受けられない。そして、番号を告知する際には、「本人確認」が求められる。ここで共通番号カードの提示が必要とされるのだ。つまり、共通番号カードの所持は法律で強制されていないが、共通番号を使う際にはそのつど、「本人」であることを証明するために、共通番号カードを見せなくてはならない。カードは、所持を義務化しなくても、あらゆる社会的な手続きに組みこむことで強制的に任意取得させることができる。手続きができなければ、私たちはカードを申請せざるをえない。

政府は共通番号という、個人情報を危険にさらす仕組みをつくりながら、その危険を理由にして、親切顔で「個人情報を保護するため」とささやき、私たちにカードを握らせようとしているのだ。

3-2 時間と空間をつなぐ

だが、ＩＤカードは単なる「本人確認」の手段では終わらない。このことは、日本でも国民総背番号制をめぐる議論のなかで指摘されてきたが、近年のデジタル技術を用いたカードの特徴として、主に海外での研究によって次の３点が明らかになっている。＊①カードは時間と空間をつないで所持者の動きをとらえること、②カードが膨大な個人情報データベースとつながっていること、③カードが生体認証情報を運ぶことで身体に近づきつつあることだ。

第一に、ＩＤカードの機能は、それを持ち歩く人を「時間」と「場所」の両方でとらえることにある。カードをチェックすることで、その人がいつどこにいたかが記録される。この情報を連続的にたどると、人の「動き」を追跡することができる。政府の社会保障・税番号大綱がいうように、共通番号にＩＤカードが組み合わされることで、まさに時間的には「国民一人ひとりの情報が生涯を通じて『タテ』につなが」り、空間的には「国民一人ひとりの情報が分野を超えて『ヨコ』につながる」のだ（３ページ）。

パスポートは、国境というチェック・ポイントで人々の動きを記録するために使われてきた。パスポートがなければ国境を越えることはできない。日本では、外国籍の人々に国内版のパスポートとして外国人登録証の携帯義務が課され、その動きを確認し、制限する手段に使われてきた。外国人登録証の不携帯で逮捕された人は数多くいる。パスポートによって、外国人登録証によって、移動の自由は制約を受け、ときに妨害されてきた。

共通番号カードの場合、カードを忘れたり、なくしたりしただけで、権利であるはずの公共サービスが受けられないという事態が起こりうる。権利に、「どこのだれであるかが証明できなければ実行できない」というセキュリティ・ロックがかかってしまうのだ。権利とそれを実現させる手段の関係が逆転し、手段がなければ権利が実行できないという本末転倒が生じる。万人に保障されているはずの権利が、ここで選別にあう。

3-3 データベースとつながる

現代のＩＤカードは次に、膨大な個人情報の入ったデータベースとつながっている。共通番号制の場合、税、医療、介護、労働、福祉、年金の6分野に関する自分の情報がそれぞれにデータベース化されて、カード番号と「ひもづけ」される。官庁が持つデータベースだけでなく、番号を使った民間

＊デジタル技術を用いたカードの特徴　デイヴィッド・ライアン『監視スタディーズ』（田島泰彦・小笠原みどり訳、岩波書店、２０１１年）などを参照。

企業のデータベースともつながる。自分についてのどんなデータベースが存在するのか、把握しきることはほとんど不可能だ。

つまり、カードはコンパクトで、券面には住所や氏名しか書かれていなくても、それは納税額、通院歴、要介護度、失業期間、生活保護受給資格、年金支給額といったデータと結びつきうる。共通番号とカードは、こうしたデータの入った引き出しを開ける鍵なのだ。データの組み合わせによって描き出される人物像から、私たちは役所や銀行や病院で、どういう人間かを判断される。

こうしたデータ像は、「デジタル・ペルソナ」や「データ・ダブル」と呼ばれる。データでできた自分の分身は、生身の人間よりもただ扱いやすいという理由だけで、生身の人間以上に広範囲を移動し、活用される。自分がどんなデジタル・ペルソナになっているのか、本人が把握することは難しいので、たとえそれが間違っていても訂正できるとは限らない。むしろ、データ上にできあがってしまった像を否定するには、生身の側が多大な証明を負うことになる（なりすまし事件にあった被害者のように）。

自分に関係するデータベースは、自分が希望したサービスや直接やりとりした機関にだけあるとは限らない。個人情報の市場価値は高い。だからこそ、産業界は40年前から「一億総背番号」を叫んできたし、政府が募集した共通番号制へのパブリック・コメントでも、民間の自由な番号使用を早く認めるよう要望している（パブリックコメントに表れた企業の本音については第Ⅳ章4－5「産官学で民意を装う」、163ページを参照）。企業にはそれぞれ、商品開発やマーケティングに使いたい情報がある。製薬会社や生命保険会社は病歴情報がほしいし、証券会社や消費者金融は預金情報がほしい。

こうした情報は、それぞれ共通番号に連動する異なる番号で、異なるサーバーに管理される。連動する番号は、ソフトウェアによって生成されるから、情報は分散され、安全に管理できる、というのが政府の主張だ。しかし、こうした断片的な情報をつなぎあわせることができなければ、共通番号の意味がない。最終的には、ひとつの番号に全情報が「ひもづけ」され、1枚のカードですべての情報が検索できるのが、共通番号制だ。いくら中間に複雑な技術を用いても、デジタル・データは結局、個を識別し、個に行き着く。そうでなければデータは根拠を失い、価値がなくなる。

高度な技術を持ちこむことで、かえってデータは本人の理解のおよばないブラック・ボックスに入り、追跡も、訂正も、削除も難しくなる。そもそも、共通番号という手段をつくることで、社会保障という目的が達成できると考える技術信仰があやまっているのだが、前述のように官僚のタスクフォースは、ただ「達成」へと車輪を回す自動装置でしかない。1枚のカードはいまや、複雑な計算式と暗号とネットワークを媒介に、膨大なデータベースとつながっている。

3-4 身体をとらえる

デジタル化されたＩＤカードは第三に、生体認証の導入で、身体そのものに近づく傾向にある。生体認証とは、顔、指紋、手形、網膜、虹彩、声、歩き方など、身体的特徴をあらかじめ登録しておき、生身の人間との照合によって同一性の判定をする技術だ。顔の場合、目と目の間の距離や、鼻の長さ、あごの角度など、複数の部分をソフトウェアによって数値化し、照合する。

米国政府は2001年の9・11同時多発攻撃後に「テロ対策」として、国連の専門機関、国際民間航空機関（ICAO）と国際標準化機構（ISO）に対し、自国で開発が進んでいた生体認証技術を強力に売りこんだ。ICAOは、顔認識、指紋、掌紋、網膜、虹彩、声、歩き方などの身体データのうち、顔認識を国際基準として選び、指紋と虹彩も任意で使用されるようになっている。

米国議会はその一方で、「国境警備強化および査証入国改正法」を可決し、ビザなしで入国を許可していた日本やEU諸国からの短期滞在者について、04年10月以降はパスポートに生体認証が搭載されていなければ、ビザの取得が必要になるように変更した。つまり、これらの国々に対し、生体認証データ入りのICパスポートを発行するよう、一方的に迫ったのだった。初めは本気にしていなかった日本の外務省も、06年からICパスポートの発行を開始し、デジタル化された顔情報を搭載するようになった。

しかし「対テロ戦争」を開始した米国は、それだけでは満足できず、04年には主要な空港や港で、入国する外国籍旅行者から顔写真と指紋（開始時は2指、08年からは10指）を採取しはじめ、デジタル情報として保存している。この「US-VISIT」と名づけられた、けっしてヴィジターには歓迎されない手法を、9・11に直接かかわっていないはずの日本も07年から導入し、外国籍の人々から入国時に顔写真と指紋をとりはじめた。

こうした意味で、カードは生体認証情報を通して、身体に近づいている。そして身体そのものもまた、カードのように、識別に使用されるようになった。企業では指紋や虹彩による入室管理が採用され、ペットや高齢者の所在を確認するために、体内にICチップを埋めこむサービスも実用化されている。共通番号カードの心臓部であるICチップが、「大切だからなくさないように」と、皮下に縫いこまれる日はそう遠くはないのかもしれない。その場合は、身体が直接、膨大なデータと各所でつながる。

以上が、「本人確認」にとどまらない、カードのはたらきといえる。まとめれば、IDカードは、人の動きをとらえ、データとして記録し、それらの記録をデータベースに送りこむと同時に、データベースとつながる。生体認証情報を運ぶことで、IDカードは身体に近づき、身体もまたカード化されていく。個人情報はIDカードや身体をキーにして取り出され、これらを利用する企業や国家が人々の動きに介入しやすい環境を整える。

3-5 植民地支配というルーツ

IDカードや生体認証を使って個人を識別しようとする仕組みは、19世紀以降の近代に入ってつくられた。最初に普及した生体認証技術である指紋は、インドを植民地支配していたイギリスの官吏らによって開発された。フランスでは、身体のさまざまな部位を詳細に計測して分類する「ベルティオン方式」がさかんに研究された。こうした識別技術は、西洋が「未開の地」を統治しようとするなかで、模索されていった（チャンダック・セングープタ『指紋は知っていた』〔平石律子訳、文春文庫、2004年〕に詳しい）。

身体計測は、「土人」たちの特徴をとらえて白人の優位性を裏づけようとする人類学から発し、優生思想に結びついた。インドでは、ある部族全体の「犯罪傾向」を身体計測から科学的に証明しようとする研究が、本気で取り組まれた。イギリス人官吏たちは、インド人は一般的に「うそつき」だと考えていたし、また彼らの目には、住民たちの顔が同じように見えた。指紋は、その英領インドで、犯罪捜査ではなく、一般市民の二重申請を防ぐために実用化された。生体認証は、植民地住民に対する疑いと蔑視を原動力に、白人を「標準」「理想型」とするスタンダードから開発されていったのだ。

その意味で、生体認証は根源的に、人種差別的な傾向をもっている。指紋や虹彩は現在、個人の同一性を知るのに科学的で中立的な方法と考えられているかもしれないが、疑いと排除という意図が前提としてはたらいていることを、知る必要がある。共通番号制にもまた、目の前の人間が「本人」であるかを疑い、識別できなければ、公共サービスを受けさせないという排除の論理が隠れている。

日本でも、生体認証は最初に植民地で実用化された。日本は1920年代から軍が占領した中国東北部（のちに「満州国」を建設）で、住民や移住労働者から指紋をとり、労働許可証や居住許可証を発行して、人々の移動を管理した。また、日本国内の朝鮮出身者には1939年から、国策に協力する「協和会」への加入を強制し、「協和会手帳」の所持を義務づけた。国家にとって「内なる敵」とみなされた人々を識別し、見張り、排除するだけでなく、労働力として使いこなす。生体認証は、植民地支配にとって不可欠な技術となり、現在の国家に人口管理の手段として引き継がれている。

3-6 「内なる敵」を見張る外国人登録証

植民地国家が、植民地住民のような「内なる敵」を見張る手段として開発した識別技術は、植民地時代が終わりを告げても消えなかった。日本は1945年の敗戦を機に植民地を失ったにもかかわらず、この技術をかえって合法的に使用するようになった。外国人登録制度である。

日本国内で現在、国が定めたIDカードを持つのは、在日米軍などを除く、日本に90日以上滞在する外国籍の人々だ。市区町村で外国人登録をすると、外国人登録証明書が発行される（2012年7月からは、ICチップ入りの「在留カード」と「特別永住者証明書」に切り替わる）。16歳以上の人はこれを携帯し、警察官などに提示を求められれば応じる義務がある。外国人登録証の提示は警察官が通行人を職務質問する理由になり、これまで多くの人々が不携帯で逮捕されてきた。

外国人登録制度は1947年、外国人登録令によって、それまで日本国籍だった旧植民地出身者を、一方的に日本国籍から切り離す目的でつくられた。その当時、日本国内にいた対象者は実際、ほとんどが朝鮮出身者だった（佐藤文明『在日「外国人」読本・増補版』〔緑風出版、2009年〕に詳しい）。日本の敗戦まであらゆる差別を強要されてきた植民地出身者が権利を求める運動が、各地で始まっていた。とくに、教育を受ける権利、母語を学ぶ権利として朝鮮学校が各地でつくられ、労働運動も激しくなってくると、政府もGHQ（連合国軍最高司令官総司令部）もこうした動きを弾圧し、関係者の動きを監視しようとした。1952年、サンフランシスコ講和条約発効の日に、外国人登録令は外国人登録法へと移行し、登録時の指紋押捺が義務化された。

この指紋押捺に対しては、当初から反対があったが、1980年からは拒否者が次々と現れて、指紋押捺拒否運動として広がっていった。拒否者は逮捕されたり、再入国許可が下りなかったりと嫌がらせを受けたが、問題は韓国との外交交渉にも発展し、日本は2000年、ついに外国人からの指紋の採取を全廃した。

ところが前述のとおり、日本政府はそれからわずか7年後に、米国の「対テロ戦争」に参加するなかで、外国人全員からの指紋採取を復活させた（「日本版US－VISIT」と呼ばれる）。旧植民地出身の「特別永住者」は対象外にしたが、短期滞在か長期滞在かにかかわらず、入国するすべての外国籍の人々から顔と指紋のデジタル情報を収集することは、外国人を「内なる敵」として監視する政策と変わりない。

外国人登録証は、旧植民地出身者を厳しい監視と差別のもとに置いてきた。このメソッドがいま、共通番号カードとして、国籍を問わず、日本で暮らす全人口を対象に一般化されようとしている。そして、外国籍の人々は、これまで自治体が発行してきた外国人登録証にかわって、2012年7月から入国管理局が直接管理する「在留カード」「特別永住者証明書」を持たされ、共通番号カードとの二重の監視にさらされることになる。

外国人登録制度の廃止と新しい在留管理制度

2009年7月の出入国管理及び難民認定法（入管法）、入管特例法、住民基本台帳法（住基法）の改定により、2012年7月9日から外国籍の人々に対する新しい在留管理制度が始まり、外国人登録法（外登法）は廃止される。これは外登法の対象者が、本文で示したように旧植民地の朝鮮、台湾出身者だった敗戦直後から変化し、1990年代からアジア、南米からの労働者が急増し、多様化していったことが背景にある。政府は、旧植民地出身者を「特別永住者」として他の在留資格から切り離す一方（特別永住者の日本版US－VISIT除外もこれに当たる）、増加する「永住者」「日本人の配偶者」「定住者」らを管理の中心にすえ、この人たちの個人情報が法務省入国管理局（入管）に集中するよう制度の転換をはかった。

改定法によって、これまで市区町村で外国人登録をし、外国人登録証を受け取っていたのが、各地の入管で在留カードを受け取り（7年ごとに更新）、14日以内に市区町村に持参して「住居地」の記載を受けるよう変更される。この際、市区町村の住民基本台帳にも登録するので、外国籍の人々も住民票を持つことになり、住基ネットにも組みこまれることになる。ただし、外国人住民票には国籍、在留資格、在留期間とその満了日、在留カードの番号も記載され、市区町村は内容に変更があったとき法務省に通知する義務を課され、市区町村と法務省によって住民票が抹消できるなど、日本国籍住民にはない届出義務や罰則によって監視の色彩が濃い（移住労働者と連帯する全国ネットワーク・入管法対策会議、在留カードに異議あり！ NGO実行委員会発行、『改定入管法 中長期在留者のためのQ&A』など参照）。

在留カードは顔写真つき、ICチップ入りで、外国人登録証にはなかった「就労制限の有無」が記載される。16歳以上には常時携帯義務がある。特別永住者は在留カードではなく、特別永住者証明書を市区町村で受け取るが、形状は在留カードに似たICチップ入り。外国人登録証にあった携帯義務がなくなったが、警察官や入管職員に求められたときには提示する義務が残った。

こうした管理方法の細分化と罰則規定、個人情報の国家への集中は、在留資格を国家の裁量によって取り消しやすい状態に置き、外国籍住民の居住や労働の権利を不安定化させる。共通番号制にも同じ要素があるが、基本的な移民政策の存在しない日本では、とくに外国籍住民が日本国籍住民との格差を強いられ、退去強制の危険にさらされている。

なかでも、オーバーステイなどの非正規滞在者はこれまで在留資格がなくても、地域住民として市区町村から、出産や医療、子どもの教育などへの公的援助を受けられたのが、入管へ行き在留カードを受け取る必要があるとなると、こうした基本的な人権からも締め出される恐れがある。

外登法は戦後60年にわたって旧植民地出身の住民を「外国人」として差別し、苦しめてきたが、新しい在留管理制度もまた、多様化する外国籍住民の個人情報を網羅しつつ、いつでも国家の意のままに無権利にできるよう設計されている。

3-7 「国民」を序列化した戸籍と住民登録

植民地出身者や外国人の動向を監視する手段が発達する一方で、日本の「国民」だけが国の監視から自由だったわけではない。日本の近代は、そこで暮らす一人ひとりを国家が登録し、「国民」として数えあげ、「国民」としてつくりあげることから始まったといっていい。IDカードは伴わなかったが、日本は強固なIDシステムを築いてきた。

明治政府は1871年、戸籍法によって、在住する人々を戸籍に登録しはじめた。戸籍は、個人ではなく、「家」を単位とする家父長制を基礎に編纂《へんさん》された。戸主の男性を最上位として家族内に序列をつくり、その延長線上に、天皇を頂点とする「国体」が存在するという政治的な体系でもあった。

「家」は実際に同居する世帯ではなく、氏と血統を同じくする集団で、最小の統治単位として公的に記録された。戸籍によって、初めて「国民」のリストができあがったと同時に、それは人々に「国民であるとはどういうことか」を教える実践の場でもあった。家の一員となることで、天皇の臣民として天皇制秩序に参加し、その価値観が実際、家庭の場で家父長制をとおして個人にすりこまれた。いまでも日本では、出生届を出すことで、個人として登録されるのではなく、だれかの戸籍のなかに加えられる。個人は誕生時から秩序のなかに組みこまれ、その位置から社会的な生活が始まる。

日本は植民地にした台湾、朝鮮でも戸籍制度を導入した。植民地住民も戸籍に取りこむことによって、日本国籍を与え、天皇の臣民としたが、すべての日本国籍取得者が「日本人」として同等になったのではなかった。日本国内に本籍地を置く人々は「原日本人」と呼ばれ、植民地の人々が本籍地を日本本土に移すことは禁じられた。つまり、「天皇の赤子」であっても、そのなかには「原日本人」を頂点として、台湾、朝鮮、それ以外の少数民族という序列がつくられ、植民地出身者は「二等臣民」として明確に区別された。

戸籍は、国家が個人を把握するという点で、最初の国民ＩＤ制度であったといえる。が、家父長制という序列化を重んじたために、人々の居住実態とははじめからずれていた。近代化で農村から都市へと人口が移動するにつれ、人々の動きをとらえるために、本籍地とは異なる場所に居住した場合に登録する寄留簿がやがて発展し、１９１４年に寄留法ができる。さらに37年に日中戦争が全面化し、配給体制や総動員体制が必要になると、市町村は世帯台帳を作成しはじめた（白石孝・小倉利丸・板垣竜太編『世界のプライバシー権運動と監視社会』（明石書店、２００３年）所収、板垣竜太「帝国の臣民管理システム――過去と現在」に詳しい）。

この世帯台帳が戦後、１９５１年の住民登録法によって「住民の居住関係を公証し、その日常生活の利便を図るとともに、常時人口の状況を明らかにし、各種行政事務の適正で簡易な処理に資することを目的」（第1条）に、市区町村の事務として法制化された。さらに１９６７年の住民基本台帳法に移行して、現代の「住民票」へと整備される。植民地で実験された識別技術が戦後、外国人登録法によって合法化されたように、日本国民を識別する制度もまた、戦前―戦後と断絶することなしに、法の後ろ盾を得て精度を増していったのだ。

戸籍から住民登録へと、より個の動きに即した制度に変わっていったのは、国家総動員体制をつくるため、とくに国民から兵力と労働力をかりだすためだった。この事実は、『一億総背番号』の夢物語などよりも、現実にあった残酷物語としてつねに思い起こされなくてはならない。

このように、日本では戸籍、住民基本台帳と二つの名簿によって、国民が厳密に識別されてきた。これらが電算化され、住基ネットも加わったことで、日本では世界でもまれな、個人を動きと関係の両面からとらえる国民ＩＤ制度ができたといっていい。その精密さは、単に「住民の居住関係を公証」したり、「本人確認」したりする範囲を超えて、ときに国家が個人を動かしたいように動かす道具として、実際に威力を発揮してきた。国民ＩＤカードがなくても、共通番号制がなくても、日本にはすでに強力な国民ＩＤシステムが確立している。

3-8　国民ＩＤカードを廃止した英国

国民ＩＤカードを発行している国は、世界に珍しくない。中国、ロシア、シンガポール、スペイン、ドイツ、メキシコ、トルコ、スウェーデンなど、発行から数十年たつ国々では、日本人が戸籍や住民票を当然の仕組みと感じているのと同様に、人々にとって国民IDカードが空気のように存在している。しかし、こうした国々のすべてで、国民IDカードの所持が義務化されているわけではないし、ID番号によってデジタル情報が共有されているわけでもない。まして、戸籍や住民基本台帳といった、すべての権利の土台になるような識別システムを伴い、人々に引っ越しのたびに居住地を届け出ることを義務づけているような国はほとんどない。

だから、政府が共通番号制を「既に諸外国の多くで導入されている」（社会保障・税番号大綱、4ページ）と説明する際には、注意したほうがよい。たとえば、スウェーデンは長年にわたって番号制を採用してきたが、国民IDカードの所持は義務づけられていない。米国には社会保障番号があるが、これは一人に複数発行されうる番号であり、生まれたときに自動的につけられ、原則として変更できない共通番号とは性格が異なる。諸外国の制度を一律に共通番号制と呼ぶことはできない。

そのうえ、各国は人口規模も、連動する政治システムも、政治の透明性も、人々の政治への参加度も、まったく異なっている。これらの違いを意図的に無視して、あたかも社会保障に番号制度が必須であるかのように説明し、番号制度さえ導入すれば高福祉が実現するかのようにいうのは、第I章で追及したように、うそとごまかしなしにはできない。さらに第Ⅳ章4-1で韓国の例を詳しくみるように、番号制の国々は個人情報の大量流出や国家の個人に対する監視といった問題を抱えている。不思議なのは、日本のマスメディアが政府の発表をそのまま報道し、自分たちで取材しないことで、そこから

写真4　イギリス内務省のサイトに掲載された「国民ＩＤカード」。「NO2ID」キャンペーンなど幅広い反対運動が継続し、政府は2011年２月、登録データベースなどを破棄して、制度を廃止した。だが、ＥＵ以外の外国籍の市民には、引き続きＩＤカードの取得が義務づけられている
出所：http://www.homeoffice.gov.uk/media-centre/news/IDcard-scrapped

して日本は、スウェーデンとも米国とも違う政治文化と言論状況にある。批判的な言論が抑制される国では、民主主義にとってどこよりも危険な番号制ができるかもしれない。

しかしながら、確かに２０００年代の「対テロ戦争」によって、国民ＩＤカードの導入は世界的風潮として現れた。これらは、日本の戦時体制下で「内なる敵」を監視するために、個人を識別する手段が次々と生み出されていったことと重なる。だが「対テロ戦争」下で国民ＩＤカードが提案された国々では、人々の粘り強い反対によって、実際の導入は進んでいない。番号制を「世界の常識」として扱いたい日本政府は、もちろんこの事実にまったく触れないが――。

英国では06年、労働党政権下で「ＩＤカード法」が可決され、指紋、写真、虹彩の生体認証データを含む50カテゴリーの個人情報をデータベースに登録し、パスポートとリンクする仕組みがつくられた（写真4）。

しかし、もともと国民IDカードに批判的だった世論は法律の施行後も変わらず、10年に発足した保守党と自由民主党の連立政権は廃止法案を提出し、可決された。IDカードは11年1月に無効になり、2月に指紋情報などの入ったディスクが物理的に破棄された。

英国には、第一次世界大戦と第二次世界大戦中にだけ国民IDカードが発行されたが、戦争終結後は人々の抗議でカードが廃止されたという歴史がある。クレッグ副首相は「IDカード計画は私たちの自由への直接的な侵害だった。その自由こそ投げ捨てるには貴重すぎる、現政権が復活させようと決意したものだ」と語った。

米国でも、州ごとに独自の基準で発行されている運転免許証を統合し、事実上の国民ID化する「REAL ID法」が05年、ブッシュ政権下で成立した。だが、テロ対策として個人情報を収集する国土安全省がリンクする新制度には、反対する州が多く、オバマ大統領は懐疑的な態度を保っている。実施は二度にわたって延期され、13年1月まで棚上げされている。

3-9 データで振り分けられる個人

英国にも米国にも、人々が市民的自由を勝ちとってきた歴史があり、国家が個人の生活に介入してくることに批判的な敏感さが常識としてある。国民IDカード制だけでなく、街角の監視カメラ、空港のセキュリティ強化、電話やメールの盗聴捜査といった、近年ますます拡張する個人への監視活動について、メディアが報道し、学者が調査し、国会で論争が交わされ、映画やアートによっても問題提起されている。

こうした議論から定説として引き出されたのは、個人データの使用によって現在、人々の「社会的振り分け」が進んでいるということである（前出の『監視スタディーズ』に詳しい）。住所、学歴、職歴、病歴、収入、財産、嗜好、家族関係、購買歴、行動パターンなどに関する私たちの情報が、あちらこちらに出回り、用途に応じてつなげられたり、切り離されたりして、私たちの人物像をつくりあげる。このデータ上の自分＝デジタル・ペルソナが、国家や企業によって振り分けられ、格付けされていく。

銀行は上等の顧客と判断した相手には低金利のサービスを提供するが、利益をもたらさないと判断した客には融資しない。スーパーはよく来る買い物客にはセールの通知をするが、あまり来ない客には通常の値で品物を売る。監視カメラを見張るオペレーターは、非白人の若い男性に疑わしい目を向ける傾向がある。つまり、データの使用者にとって、好ましいカテゴリーに入った者は有利な扱いを受け、好ましくないカテゴリーに入った者は不利な扱いを受けることがわかってきた。さらに、こうしたデータが流通し、集積されることで、不利な扱いを受けた人は別の場面でも不利な扱いを受け、それが連続して格差は拡大し、固定化していくのだ。

こうした社会的振り分けは、新自由主義的な経営のなかで加速度的に進行し、いまでは客を分けて、管理し、一方を優遇し、他方を切り捨てるのは、ほとんどビジネスの常識となっている。そして、こうしたデータ監視による人間の振り分けは経済だけでなく、政治にもすでに持ちこまれている。国民健康保険は生活苦で保険料が払えなければ医療費全額自己負担となり、年金は25年間にもわたって支払いつづけなければ受け取れない。正社員は過労自殺に追いこまれるまで働かされ、派遣社員や契約社員は「雇用の調整弁」として簡単に解雇される。仕事がなければ住処《すみか》を失い、住所がなければ選挙権は行使できない。生活保護の申請は窓口での私生活に関する執拗な質問によって追い払われ、欧米以外の国々から来た人々は空港でより厳しい検査を受ける。

ソフトに、スマートに、しかし断固として、人を分別し、異なる扱いをする。これに抗議すれば「自己責任」といわれ、「受益者負担」と財布をこじあけられる。個人データを本人の同意も得ずに好きなようにつなげ、使うことは、こうした選別が理にかなうかのような外観を与え、排除を容易にする。利益をあげるためのビジネスモデルが、人として万人に保障されているはずの権利モデルを侵食しつつあるのだ。

社会的振り分けは、新自由主義的なグローバル資本主義経済と、その必然的な不安定性（貧困、差別）を管理したい国家によって、今後も拡大するだろう。国民ＩＤカードは、社会的振り分けを広範囲に、一元的に実行するのに便利なツールである。日本の国民総背番号制が一貫して産業界によって推進され、共通番号の使用が官庁だけでなく民間企業に広げられる理由もここにある。資本と国家は、より多くの個人データを集め、よりもっともらしい根拠をつらね、私たちを振り分けたいのだ。

3-10 透明な主権者

以上のように、国民ＩＤカードあるいは共通番号カードは、単なる「本人確認」を大きく超えた、個人の動きに密着し、広範囲の情報を集めて、社会的振り分けを促進するツールである。

植民地国家にとっての「内なる敵」を見張ってきたＩＤカードはまた、監視の制度でもある。同時に、それを提示することが権利を実行する前提となっている以上、必ずだれかを排除するシステムでもある。

第Ⅰ、第Ⅱ章で詳説したように、共通番号制は「社会保障の充実」を最大の制度理由としている。社会保障を受けることは、憲法第25条に保障された万人の権利である（第Ⅰ章１－１「社会保障の充実にはならない」、45ページ参照）。ここに共通番号カードが入りこむことによって、社会保障を受ける権利は識別という条件つきのものに変わり、カードを持たない者がまず排除される。住民票のない人、住所のない人、住所を届け出ていない人が、これに当たる。つづいて、カードから引き出された税金や保険料の納付データに応じて、どれだけの社会保障が受け取れるのか、異なる内容が決定される。医療、介護、生活保護など、人として生きるために必要な助けを、受け取れる人と受け取れない人、多く受け取れる人と少なくしか受け取れない人に分ける。その人が、どれだけ必要としているかは関係ない。あらゆるデータは、国家と個人のあいだの収支計算に変換される。

そして、こうしたデータ上の計算は、私たちの同意を得ずに、私たちの知らないデータも含めて、実行される。私たちの暮らしは、1枚のカードと結びついた膨大なデータによってコントロールされ、自由と平等から遠ざかっていく。

福岡市で住基ネット差し止め訴訟の弁護団事務局長をつとめた武藤糾明弁護士は「個人の生活に介入するという点で、共通番号は有事法制並みの拘束力をもつ」と警告する。「国からはますます個人の生活が見えるようになるが、国は原発事故の情報を隠し続けているように、国民からますます見えなくなる」と。

アンバランスな透明性は、民主主義の根幹を脅かす。ドイツの憲法裁判所はかつて、国勢調査のデータを市町村が行政事務に使うことを禁じた判決のなかで、「自分の情報がどう利用されるか知らないと、目立った行動を記録される不安にかられ、自己規制がはたらく」と指摘した。金沢地裁の住基ネット違憲判決は、この自己規制が人々を萎縮させ、「人格的自律を脅かす」と判断した（第Ⅱ章2－12「それでも残るデータマッチングの違憲性」参照）。

日本にはすでに、カードを伴わない国民ＩＤ制度が、戸籍、住民基本台帳、住基ネットと、複数設置されている。個人は家族構成といったごく私的な情報まで国に提供し、それが公共サービスのベースとなっている。一方で、外国籍の人々は外国人登録証の携帯を義務づけられ、より露骨で過酷な監視にさらされてきた。

現在の制度に慣らされてきた結果、私たちは「どこのだれであるか」をお上に登録するのは当然だと思いこんでいる。住民票がなければ、進学も引っ越しも就職もできない制度を疑いもしない。書式にしたがった家父長的な家族があるべき姿だと信じるからこそ、「戸籍が汚れる」離婚を嫌い、「非嫡出子」の誕生を防ぐ「できちゃった結婚」が高い割合を保っている。共通番号と国民ＩＤカードは、こうした束縛を束縛とも思わない感性の鈍磨を推し進め、「私がどんな人間か」を決める権限を、国家と資本に譲りわたしていく。これが、社会保障・番号大綱が副題に掲げた「主権者たる国民」の姿だろうか。

　情報の集中は、民主主義を掘り崩す。情報を握った者たちは優位を保ち、私たちは名ばかりの透明な主権者になっていく。

第Ⅳ章

番号をとりまく現実

――頻発する情報流出と、操作される世論

ここまで、政府が共通番号制度の目的として掲げた「社会保障の充実」「公平な税制」「被災者の救済」がうそであること（第Ⅰ章）、「国民総背番号制」を実現しようとして失敗し、税金を浪費してきた経緯（第Ⅱ章）、政府が国民ＩＤ（識別）制度を導入しようとする背景と理由（第Ⅲ章）について解説し、共通番号制が私たちの暮らしから自由を奪い、不平等や差別を助長していくことを指摘してきた。だが、番号にまつわるこうした問題は、共通番号制が実現した場合だけの未来の話ではなく、すでに日本でも、世界のあちこちでも発生している。

個人情報の大量流出のニュースを私たちが目にしない月はないし、他人の情報を使った「なりすまし」事件は世界的に頻発している。番号制度が提案されるたびに、メディアではセキュリティの欠陥がクローズアップされる。だが、どんなに最新の複雑な技術を組み合わせても、いまだかつて「100％完璧なセキュリティ」が達成されたことはないし、今後も実現されることはないだろう。

この章ではまず、国民に住民登録証が普及し、ＩＴ先進国とされる韓国での個人情報大量流出事件を報告する。そして、ではなぜ、隣国でこれだけ問題が顕在化しているのに、共通番号制の問題点が日本で議論されないのかを考える。多くのメディアが２００２年、住民基本台帳ネットワークの稼働に反対し、２００８年に最高裁の合憲判決に対しても批判的な姿勢を保った。そのときと打って変わって、共通番号制にメディアがおおむね賛成を唱えるようになったのは、なぜなのか？　長年の国民総背番号制反対の世論が沈黙し、共通番号制があっさりと成立しそうな私たちの社会の姿から、番号制にはとどまらない、この国で現在進行する底深い危険、明るいファシズムの広がりがみえてくる。

4-1　個人情報大量流出が日常化する韓国

韓国では軍事政権下の1962年、住民登録法が施行された。前年に陸軍少将の朴正熙《パクチョンヒ》がクーデターによって政権を掌握し、この政権基盤をつくるために、反政府的な言動を抑えこみ、国民全体を管理する法律が次々と制定された。諜報活動を行う中央情報部（通称ＫＣＩＡ）設置法、北朝鮮に協力的な「容共分子」という名目で人々を逮捕する反共法、本籍地以外の場所に30日以上居住した者に申告の義務を課す「寄留法」に続いて、世帯ごとに住民登録票を作成する住民登録法がつくられた（前出の『世界のプライバシー権運動と監視社会』所収、尹賢植《ユンヒョンシク》「韓国における住民登録法の変遷過程と問題点」に詳しい）。

住民登録法はその後、改定を重ね、国民一人ひとりに出生時に登録番号がつけられ、その番号に基づいて１４０種類以上の個人情報が住民登録票に記載され、17歳になると住民登録証を申請し、そのために指紋押捺をする、という現行の制度になっていった。この住民登録証は、警察官に問われたときには提示する義務があり、パスポートや運転免許証の発行にも必要な国民IDカードとして機能している。銀行口座の開設、携帯電話の購入、クレジットカードや航空会社のマイレージサービスへの加入、レンタルビデオ店の利用にも住民登録証が必要で、インターネットにアクセスするときに住民登録番号の入力を義務づけているウェブサイトも多い。長年の激しい民主化闘争の結果、政治は民政へと移行したが、国が推進するIT化によって、住民登録番号の流通は拡大する傾向にある。

その結果、2001年には住民登録番号の盗用による大量のクレジットカード犯罪（買い物やローン）が明るみに出て、社会問題となった。すると今度は、インターネット利用に実名制が導入され、かえって番号と実名のマッチングが進み、個人情報の流出が加速度的に拡大した。

2012年2月、韓国のプライバシー運動の中心を一貫して担っているジンボ（進歩）ネットワークセンター（ジンボネット）事務局（政策担当）の張如景《チャンヨギョン》さんから状況を聞いた。以下は、その報告である。

政府や警察による正確な流出統計はないが、田炳憲《チョンビョンホン》国会議員（民主党）による「国政監査」で、2008年1月から11年8月までに1億657万件の流出があったことが明らかになった（表2）。

2011年7月には、韓国最大手のオンラインサービス・プロバイダーであるSKコミュニケーションズ（1999年8月30日設立）が運営する検索ポータルサイト「ネイト（NATE）」と、ソーシャル・ネットワーク・サービス「サイワールド（Cyworld）」がハッキングを受け、両サイトに登録して

表２　韓国における過去４年間の個人情報流出事件

年月	企業	被害数（人）	流出経路
2008年 1月	オクション	1863万	ハッキング
9月	ＧＳカルテックス	1125万	職員による販売未遂
2009年 4月	ネイバー	9万	流出
2010年 3月	インチョン	2000万	販売
	テジョン	650万	販売
4月	プサン	1300万	販売
2011年 4月	現代キャピタル	175万	ハッキング
7月	ＳＫコミュニケーションズ	3500万	ハッキング
8月	韓国エプソン	35万	ハッキング
11月	ネクソン	1320万	ハッキング
		計 1億1977万	

出所：田炳憲議員（民主党）2011年９月21日「国政監査報告資料」ほか

いる約３５００万人分の氏名、住民登録番号、メールアドレス、パスワード、電話番号などが流出した。先の国政監査以降さらに、２０１１年11月にもオンラインゲーム大手のメープルストーリーのサーバーがハッキングされ、約１３２０万人分の会員情報が流出している。過去４年で約１億２０００万という件数を考えると、韓国の人口は約５０００万なので（経済活動人口は約２５００万）、国民一人につき２回以上、個人情報が流出したことになる。

張さん自身も、２００８年１月にネットオークション企業オクション社が１８６３万人分の個人情報を流出した事故で、同社が個別に流出事実を開示して、自らの情報流出を知ることになった。以降、信用情報会社が提供する「個人情報盗用確認サービス」を通じ、張さんではないだれかが彼女の住民登録番号を利用し、何回もゲームサイトにＩＤをつくった事実も知った。

一方、ＳＫコミュニケーションズとメープルストーリーの流出事件について、警察は因果関係がはっきりしないとし、後者については捜査情報すら発表していない。情報を流出された側からは損害賠償請求もされているが、オクション社の流出については、利用者らが起こした裁判で、同社のセキュリティ対策は十分に行われており、盗んだ犯罪者が悪く、同社が賠償する必要はないとする判決が出て、原告が敗訴している。過去には、家電・情報通信メーカーのＬＧ社が一人10万ウォン（約７０００円）の賠償金を支払ったことがあるが、これはセキュリティ対策が不十分と認定されたことによる。

個人情報が大量に流出した結果、どのような被害が発生しているのか。クレジットカード詐欺のほかに、未成年者が成人の個人情報を使って、禁止されているインターネットゲーム店の深夜利用をすることもしばしばある。とくに問題となっているのは、「ヴォイス・フィッシング」（詐欺電話）で、これによって学費を盗まれた女子学生が自殺した。日本でも「オレオレ詐欺」「振りこめ詐欺」といった、似たようななりすまし事件が多発しているが、大きな違いは、韓国では電話をかけられる側の個人情報がほぼ完璧に把握されていることだ。詐欺に気がつき、要求を断ると「おまえの家がどこかわかっているから、用心しな」などと脅迫されることも多く、電話をかけられた側は恐怖をつのらせる。張さんのパートナーもヴォイス・フィッシングの対象になったという。

これらの被害によって、定期契約で住民登録番号盗用情報を告知する新たなビジネスまで誕生している。しかし、金銭的、物質的に具体的な被害が発生しないと、警察も司法も被害者を相手にしない状況が続いている。

住民登録番号の濫用について、政府の行政安全部は「i－PIN」という新たな個人認証手段を2005年に導入し、利用を促している。i－PINの発行には、住民登録番号を使わず、クレジットカード番号、顔写真、携帯電話番号、電子署名を登録し、認証する。発行主体は、公的機関では行政安全部、民間では3社（当初5社）で、政府は15年までにi－PINに住民登録番号の代替機能をもたせ、完全に入れ換えるとしている。だが、10年現在のi－PINの普及率は総計303万5000人と、インターネット利用人口約3700万の約8％にとどまっている。

ジンボネットなどの市民団体は、このような状況に対して、インターネット利用における実名制の廃止と、住民登録番号の変更を求めている。住民登録番号は、生年月日、性別、出生地、住民登録申告順位などを組み合わせてつくられ、国民一人に対して唯一の番号とされていることから、過去1件も変更が認められていない。行政安全部は11年8月、実名制の廃止はしないと答弁し、住民登録番号の変更を求める訴訟も起きているが、要求は認められていない。

ジンボネットはこれに対し、ネイトから3500万人分の個人情報が流出した事件で、SKコミュニケーションズが個別に開示した証明資料を持っている利用者を集め、11年秋には、住民番号を変更せよという訴訟をソウル行政裁判所に提訴した。以後、憲法裁判についても準備しているが、まだ提訴には至っていない。さらに、住民登録証の10指指紋強制捺印制度について、憲法裁判所に対して違憲訴訟を提起している最中だ。

このような大規模な個人情報の流出状況に直面し、ようやく韓国社会でも市民の意識に変化がみられるようになったという。日本の住民基本台帳制度と同様、韓国でも、住所を役所に登録したり、転居の際に届け出たりすることは、当たり前のことのように受けとめられている。さらに住民登録証がさまざまな手続きのベースとなり、それによって政府に管理されることも空気のように当然になっているので、むしろ諸外国にこのような制度がないことを知ると驚き、とまどう人が多いという。したがって、個人情報の流出が頻発する現状を改善しようとしても、住民登録制度の廃止から、住民登録番号の変更の容認、個人情報保護対策の強化まで、意見や要求の程度は多種多様となり、世論は制度の根本的な廃止一本にまとまってはいない。なお、08年には国連人権委員会から、住民登録番号の民間利用禁止の勧告が出されている。

日本では現在、共通番号制度に対し、目的外利用の禁止や民間利用の制限を規定し、罰則の強化と政府から独立して個人情報の運用状況を調査する第三者委員会を設置するので、韓国のような事態にはならないという声がある。だが、張さんは「韓国でも、目的外利用の禁止、第三者委員会の設置といった対策がなされているが、ひとたび共通番号制度がスタートし、民間での利用が進んだら、必ず同じような流出問題が起きる」と強調する。

また、公的機関の個人情報の取り扱いにも問題がある。張さんは「公的機関には警察も入っている。ロウソク集会では、負傷者が入院先で住民登録番号から警察に身元確認をされた。集会参加者が使用した携帯電話の通信記録を警察が携帯基地局で把握し、参加者を特定するといった事件も起きている」という。ロウソク集会とは、08年に行われた米国産牛肉輸入再開反対に端を発した一連のデモで、日没後にロウソクに火を灯して参加者が集まったことからそう呼ばれる。約100日間デモが続き、当初の牛肉輸入問題から、教育問題、公営企業の民営化反対など李明博政権に対する批判と退陣要求へと争点が拡大した。

12年は、朴正熙大統領が住民登録制度を開始してから、ちょうど50年目に当たる。ジンボネットは、ここまで深刻な事態に立ち至った住民登録制度と番号制度について、あらためて見直しの世論を喚起する運動を展開するという。

韓国ジンボネットワークセンターからのメッセージ

共通番号に反対する日本のみなさまに、韓国より連帯のあいさつを申し上げます。

韓国で行われていることが、日本でも行われるとしたら、胸が痛みます。

韓国では、人は生まれると「住民登録番号」を付与され、一生使うことになります。この番号の問題は、公共機関や民間機関がすべて、この番号を共通して使うということです。

共通番号は深刻な問題を引き起こします。公共機関や民間機関の個人情報データベースが、すべて住民登録番号を基準に構築されているので、それがわかればすべてのデータベースをいつでも連結したり、統合したりできます。一個人の、公共と民間領域でのすべての生活が、一目で見られることになります。たった一つの民間機関で住民登録番号が流出しても、他のすべての領域で被害にあうことになります。他の人の住民登録番号を手に入れれば、いろいろな公共、民間機関で不正に使用することもできます。これにより韓国では、他人の住民登録番号を狙うハッキングと販売が絶えず、その規模も1800万件（オクション事件）、3500万件（ネイト事件）など、ますます大規模化しています。

共通番号制度はなによりも、人権を侵害します。情報化時代の人権とは、自分の個人情報の収集と利用について、自分自身がコントロールできなければならないということです。しかし共通番号が導入されれば、自分の個人情報をだれがどんな目的で使うのかをコントロールすることは不可能です。2008年に国連人権委員会は、必要とする公共目的に限って住民登録番号を使用するよう、韓国政府に勧告しました。しかし、公共、民間機関は長い間住民登録番号を使ってきたため、放棄しようとはしません。これがいま、韓国で起こっていることです。1968年、軍事独裁政権が住民登録番号を導入した後、数多くの人権侵害があり、この問題は情報社会で全国民の不幸となってしまいました。

すべてのデータベースは、当人の利益になる目的にのみ利用されねばならず、番号もまた、目的別に使用されなければなりません。すべての個人情報を潜在的に統合する共通番号は、恐ろしい監視社会を予告しています。

韓国の市民社会は近年、住民登録番号の多目的使用を禁止することを要求しています。しかし、いったん制度が導入された後、これを撤回することは本当に難しいのです。日本ではどうか、私たちが経験してきた不幸な出来事が、絶対に起こらないことを望みます。反対しているみなさんを支持し、応援します。

（訳：鈴木明）

4-2 厳罰化はなりすまし対策にならない

米国でもまた、大量の個人情報流出と、なりすまし事件は日常茶飯事のように発生している。1936年に導入された社会保障番号（SSN）が、利用制限のないまま納税者番号としても民間で使用されてきた結果、SSNが売買されたり、流出したりする事態が蔓延している。他人に自分の情報を使われて、なりすまし事件の被害にあった人は、社会的な信用を失い、その被害を立証するために膨大な経費と労力と年月を必要とする。この問題に関して連邦議会では、下院、上院ともに財政委員会や司法委員会で公聴会がたびたび開かれているが、根本的な解決がもはや不可能なほどに、米国は「なりすまし犯罪天国」になっているという（プライバシー・インターナショナル・ジャパン発行『CNNニューズ』No.64所収、石村耕治「『アメリカ連邦議会公聴会証言録』から共通番号を〝見える化〟し一般に公開して使うことの〝危険性〟を検証する」に詳しい）。

こうしたなりすましの被害に対して、各国の政府は、高度なセキュリティを確立して犯罪を予防し、犯罪をおかした者には厳罰をもってのぞむ、という態度で切り抜けようとしている。しかし、こうした制度をつくった側に責任はないのだろうか。被害が拡大することはすでに明らかなのに、それに目をつぶって、暴走を続ける政策責任者が、厳罰の対象になることはない。日本でいま、共通番号制を立案し、実行しようとする政治家、官僚、財界関係者、学者らは、被害が起きた際に、社会の損失に対して、責任を取るべきではないか。原子力安全・保安院のような、独立性に大きな疑問のつく第三者委員会の設置よりも、政策責任者と協力者の個人の責任を追及する条文こそ、共通番号法案には盛りこんでほしい。

そして、そのような責任者の追及が仮に可能になったとしても、やはりいったん被害を受けた人の傷は治癒しない。被害がなかったときの状態には、戻れないのだ。そもそも厳罰をもって維持しようという発想に、責任逃れと無理がある。

共通番号は、あらゆる手続きや取引に同一の識別番号が必要となれば、偽名や偽装をあぶり出し、なりすましを不可能にし、不正のない社会になるというセキュリティの発想で推し進められてきた。しかし、韓国や米国の例でわかるとおり、「無菌社会」はありえない。共通番号という国家が保障するＩＤ制度が確立すればするほど、それを逆手に取った「闇マーケット」は拡大する。表面的な無菌を好む社会は、一方で闇社会を生み出し、オモテが完璧であればあるほど、ウラは黒く深くなる。

唯一の識別番号で、個人の行動をなにもかも把握しようとすることは、こうした矛盾を拡大する。現行の納税システムでたとえ過少、過大申告があり、社会保障で過大な給付や偽名の申請があったとしても、それには個別の事情や背景がある。そこを番号で機械的に強制的に処理しようとすれば、そのしわよせは社会的弱者に集中し、基本的人権の行使すら不可能になって、いま以上の社会不安を引き起こすことになるだろう。

4-3　住基ネットには反対したメディア

住民登録番号が生活のいたる場面で必要とされ、深刻な個人情報流出となりすまし事件、人権の制約を引き起こしている韓国のケースは、2002年に住民基本台帳ネットワークが稼働する直前、日本でもマスメディアがさかんに報じた。第Ⅱ章で詳しくみたように、地方自治体から市民へと広がった住基ネット反対の世論に押されるようにして、メディアも遅まきながら大半が、反対の姿勢を鮮明にした。稼働数ヵ月前になって連日のように、自治体の混乱とシステムの不備、市民の否定的反応が新聞に掲載され、延期キャンペーンが展開された。番号という抽象的な存在が生活をどう変えるのかを伝えるのに、隣国の被害はわかりやすい好材料として使われたのだった。

メディアの国民総背番号制に対する批判的な態度は、住基ネット稼働後も変わらなかった。05年5月に金沢地裁で初の住基ネット違憲判決が出たとき、原告団が調べると、判決に言及した31紙の日刊紙のうち、28紙が社説で判決を肯定的に評価した。朝日新聞は「やはり個人の選択に」(05年6月1日付)、東京新聞は「やはり見直しが必要だ」(同日付)、北海道新聞は「廃止も選択肢のひとつ」(同日付)、西日本新聞は「不安は解消されていない」(同2日付)と見出しを立てた。

08年3月に最高裁が合憲判決を出したときには、27紙のうち24紙が判決を否定的に評価した(写真5)。毎日新聞は「万能のお墨付きではない」(08年3月7日付)、中日新聞は「個人が透視される怖さ」（同日付）、京都新聞は「説得力乏しい合憲判決」（同8日付）と書き、大半が住基ネットに批判的な立場を保った。判決を支持したのは、読売新聞、日本経済新聞、産経新聞の3紙だけだった。

ところが共通番号制に対しては、多くの新聞が現在、推進の立場をとっている。民主党を中心とする連立政権誕生後に、納税者番号制度が浮上すると、朝日新聞は「導入への道を整えよう」（09年11月26日付）、毎日新聞は「実現へ幅広い議論を」（同12月10日付）、東京新聞は「深めたい税の公平論議」（10年7月3日付）と突然、識別番号をつけることに積極的な姿勢をみせた。

写真5　住基ネットについて2008年3月、最高裁が「データマッチングはしないのでプライバシーに対する危険はない」として合憲判決を出すと、全国紙、地方紙のほとんどが、これに批判的な社説を掲載した

なかでも朝日新聞社説は、自公政権の「社会保障カード」構想までは「いろいろな個人情報が一つの番号に整理され、国が情報を串刺しに管理することには、国民に抵抗感が強い」（07年7月15日付）と、国民総背番号制を明確に批判していたのが、政権交代後の共通番号制に「目的は社会保障の強化だ」（10年2月28日付）と一転して賛同し、自ら反対していた住基ネットの「作りかえ」まで提案した。そ

れ以降、「目的と利点をくわしく」（10年7月18日付）、「実現へ問題を論じ尽くせ」（11年1月28日付）と政府をくり返し激励して、「きめ細かな福祉に不可欠」（同2月25日付）と世論の説得役をつとめている。

同紙は、住基ネットの稼働には凍結を求め（02年6月14日付）、稼働時には「これだけは注文したい」と題して、「住基ネットの6情報を他の個人情報と結びつけることは、あってはならない。ネットをたどれば財産や病歴まで分かるようなことになったら大変だ」と書いた（同8月6日付）。共通番号制はまさに、そのデータマッチングを目的としている。

住基ネットに反対しながら、なぜ共通番号には賛成なのか、その豹変の理由を各紙で何十年と働いてきた論説委員たちは書かない。住基ネットのときのように、若い記者たちがみずから地域社会を取材し、海外事例を検証する記事もまったく掲載されない。ただ、官庁を担当する記者が勉強もせず、直感もはたらかせず、想像力のカケラも使わずに、政府の発表するままの内容を書き流している。

新聞社は、自分たちの過去の言論などなかったかのように変節し、最近では「住基ネットのように、利用範囲が狭く、使えない制度」にしてはならない（11年10月17日付朝日新聞）と、口ぶりまで制度設計者のように変わった。こうした報道姿勢が、共通番号制の内容を「知らない」と答える8割の人々と、住基ネットにはあれほど批判的だった世論の沈黙をつくり出している。メディアの責任は限りなく重い。なぜなら、そのツケを払わされるのは、共通番号制を理解していない8割を含めた私たち一人ひとりだからだ。

4-4　広告に取りこまれる言論

民主党への政権交代と「社会保障」という名目が、国民総背番号制に対する新聞各紙の「転向」のきっかけになったことは確かなようだ。民主党自身が野党時には4度の住基ネット廃止法案を提出したのに、共通番号制の提案者へと転じた。日本の言論が権力に近づくや、思想なく地滑りを起こすことを、共通番号制は典型的に示している。

だが、メディアを共通番号制の推進役にする仕掛けは、もっと巧妙に積極的に画策されてもきたようだ。

これまでも何度か登場した、2011年5月から始まった政府主催の番号制度シンポジウム。12年度まで47都道府県をまわる行事を、政府は全国地方新聞社連合会の後援を得て、各地の新聞社と共催している。地元紙の論説委員らが、パネルディスカッションの司会役をつとめる。

7月30日の福岡会場では、西日本新聞が政府とともにシンポジウムを主催した。同社の特別編集委員がコーディネーターをしたディスカッションの模様は、8月21日の同紙で1ページをさいて「採録」された（写真6）。上から三分の二は、参加者の発言や写真など、「特集」と表示された記事で、下三分の一は、「みんなで考えたい　社会保障・税に関わる番号制度」というイラスト広告。広告主は、明確に表示されていない。記事と広告が一体化したこの紙面は、実は同紙の広告部が制作していた。「特集」記事は、実は広告の一部だったのだ。

西日本新聞東京支社広告部によると、こうした主催企画はシンポジウムと広告をセットで受注し、シンポジウムの動員まで同社が責任をもつという。今回の広告主は内閣官房。地方紙の広告受注のために結成された全国地方新聞社連合会が広告を落札し、電通を通じて同社が受注したという。「番号制度を広く国民に話題提供し、理解してもらう主旨で、推進しているわけではない」と担当者は話す。だが、この特集記事は、西日本新聞の記事データベースには掲載されていない。広告料は三分の一ページ分しか受け取っていないが、「純粋な記事ではないので、扱いを分けている」というのだ（傍点引用者）。

番号制度シンポジウムin福岡
公平・公正な社会の基礎に 向井治紀氏
個人の情報を一体的に把握
情報漏洩恐れすぎ 利便性から遠ざかる
パネル討論
民間活用へ拡大も提言
行政費用削減にも効果
住基ネットを反省して
行政改革とも同時進行
みんなで考えたい
社会保障・税に関わる番号制度
Q マイナンバーって何なの？
Q どんなメリットがあるの？
Q 導入はいつなの？
Q 不正利用や情報漏えいがないか心配だけど…？
Q 自分の情報を確認できるの？
詳しいことは、ホームページで。

写真６　2011年７月30日に政府と西日本新聞が主催した「番号制度シンポジウム in 福岡」の内容を伝える紙面。こうした「記事のような広告」が、全国のシンポジウム開催地の新聞に掲載された

日本新聞協会は「新聞倫理綱領」で、新聞が「あらゆる権力から独立したメディア」である必要性をうたっている。協会の定めた「新聞広告掲載基準」では、「責任の所在が不明確なもの」「編集記事とまぎらわしい体裁・表現で、広告であることが不明確なもの」は掲載しないとする。記事と広告を明確に分け、記事の独立性と客観性を守り、広告の掲載にも責任をもつためだ。記事と広告の「セット掲載」は、この規定に明らかに抵触する。

こうした手法は、たとえば医薬品メーカーが開く健康セミナーと広告のセット掲載などで、ここ10年のあいだに多用されてきた。高レベル放射性廃棄物を地下に埋設する「地層処分」を推進する原子力発電環境整備機構（NUMO）も、全国の地方紙で展開してきた。いままた、世論を厳しく二分する環太平洋戦略的経済連携協定（TPP）への日本の参加についても、共同通信と全国地方新聞社連合会の主催に政府が後援と、似たような手法でタイアップし、各地でシンポジウムを開催している。

新聞の倫理は、広告収入に切り崩され、資本に取りこまれつつある。それと同時に、世論は議論によって形成されるのではなく、広告的なイメージの露出によって無意識にすりこまれていく。広告を買う力のある者が、世論をますます誘導する。税金をも使いこんで。それに加担することを自戒していたはずの新聞倫理綱領はいま、自壊しようとしている。

4-5　産官学で民意を装う

福岡県以外の番号制度シンポジウムは政府が主催し、札幌で北海道新聞が、広島で中国新聞が、熊本で熊本日日新聞が、金沢で北國新聞が、和歌山と大阪で産経新聞が共催した。その後、各紙で「広告」「PRのページ」など表示は異なるが、記事と広告がセット掲載されている。

皮切りの東京会場では、産・学・官・労の「顔」役がそろった。与謝野馨・社会保障・税一体改革担当大臣のあいさつに続き、遠藤紘一・リコージャパン会長、田中直毅・国際公共政策研究センター理事長、古賀伸明・連合会長らが登壇。コーディネーターは、「わたしたち生活者のための『共通番号』推進協議会」という団体から、須藤修・東京大学大学院教授がつとめた。

この協議会は2010年12月、都内のホテルで菅直人首相（当時）ほか、自民、公明、みんなの党の幹部らが出席して発足集会を開いた。幹事には、北川正恭・早稲田大学大学院教授（代表）、日本青年会議所会頭、富士通相談役、野村證券会長、全国市長会長らが就任した。いわゆる市井の人はひとりもいないのに、「主権者である国民や生活者の視点に立った『共通番号』制度の早期実現に向け、国民的合意形成運動を推進する」という。事務局の日本生産性本部は、1970年に中山太郎『一億総背番号』を発刊した団体でもある。

こうして、権力の周辺に位置する人々が「国民」を名乗って、共通番号制推進の「世論」をつくる。

産学官労とメディアのなし崩しの一体化が、番号で見張られることになる私たちが問題点を知る権利を阻んでいる。

内閣官房社会保障改革担当室は2011年7月7日から8月6日まで、社会保障・税番号大綱に対する意見（パブリックコメント）をEメールと郵送で募集した。個人の部門で86人、団体の部門で67団体から、計153件の意見が集まったが、同室は賛否の内訳を公表していない。

そこでパブリックコメントすべてを読み、賛否をカウントした。個人部門では、賛成あるいは制度導入を前提にした要望などが12件、反対が59件、制度を部分的に批判するが賛否は不明なものが15件と、反対だけで約7割を占めた。

内容には、「所得の正確な把握が可能という前提自体が誤りで、プライバシー侵害の危険を冒してまで導入する必要があるか疑問」「個人情報を提供しない権利を国民に認めていないのに、大綱が『自己情報をコントロールできる』と明記するのは混乱をもたらす」「社会保障を応能負担（所得に応じた額）から応益負担（一律の額）に変更し、格差を助長させる危険な制度」といった本質的な批判が目立つ。

そもそも大綱が知られておらず、震災や原発事故に世論の関心が向いているときに、意見を募集すること自体にも、批判が集中した。政府が、災害時の番号利用を言い出したことに対し、「被害者救援がうまくいかないのは、上層部の倫理の問題であって、被害者の本人確認の問題ではない」と憤る声もあった。

賛成意見には「将来的には犯罪情報や、国家に敵性的かどうかの情報も番号にひもづけでき、安心して暮らせる社会の実現になる」「カードにはＤＮＡ記録なども入れて、絶対に偽造できないように」といった、個人情報の収集拡大を求める傾向がみられた。

団体部門では、富士通、ＮＴＴデータ、日立などのＩＴ企業や、全国銀行協会、日本証券業協会、日本損害保険協会、生命保険協会などの業界団体からの賛成が31件、各地の保険医協会や弁護士会、市民団体などから反対が29件、日本新聞協会など、批判は含むが賛否は不明な意見が7件だった。各地の税理士会からの意見は賛否が分かれた。

賛成意見からは、顧客の個人情報を早く利用したいが、コストや罰則は免れたいという企業の本音が明確に表れた。「番号を用いて民間企業が独自に収集した情報については、導入初期から利活用を認めてほしい」「利用範囲拡大の対象に民間が含まれることを明記してほしい」「民間にも相当のコスト発生が見こまれるので、十分な事前協議をしてほしい」「必要以上のセキュリティ態勢やシステム構築を求められることのないよう配慮してほしい」「本人から虚偽の番号が告知され、事業者が手続きしても、事業者の責任が問われないようにしてほしい」。

個人、団体を合わせると、反対意見は半数を上回った。だが、そのことは公表もされず、法案化をためらう材料にすらなったようにみえない。12年のバレンタインデーに、社会保障・税番号大綱は「行政手続における特定の個人を識別するための番号の利用等に関する法律」案へと成長を遂げ、国会に提出された。

4-6　押しつけられる絆

本書の冒頭でふれたように、２０１１年11月に内閣府が実施した世論調査では、共通番号制の内容を「知っている」と答えた人は16・7％で、「知らない」と答えた人は83・３％と、大半の人々がこの制度がなんなのかを知らないでいる。これは単に人々の関心が低いからではなく、この章でみたとおり、メディアの報道の欠落と、無責任な賛同姿勢が大きく影響している。さらに、第Ⅱ章で示したように、番号制度は40年前から一貫して人々に必要とされていないので、少なくとも多くの人が期待する政治課題ではないからと考えていいだろう。

そして、共通番号制の内容を「知っている」世論のなかから、パブリックコメントでは半数以上の反対の声が政府に直接寄せられた。明確に推進の姿勢をみせたのは、銀行、保険会社、ＩＴ産業などの業界団体で、弁護士、税理士、市民など個人の発言では反対が多数を占めた。これもまた、国民総背番号制をめぐる世論の40年前から変わらぬ構造で、番号を求めるのは、それで吸い上げられるデータを経済的に利用したい人たちと、政治的にコントロールしたい人たちだということが、はっきりと表れている。

共通番号制の推進者たちは、実は自分たちが世論から乖離した少数派であることをよく知っている。住基ネットは8割の反対世論を無視して、稼働を強行した。そして、ほどなく失敗が明らかになった(推進派にこそ、「使えない住基ネット」は失敗だった)。住基ネット維持費の拡大する赤字は、この人たちの恥だ。だが、それは隠して、もっと大きなシステムをつくり、税金から、個人データから、もうけることをあきらめきれない。

そこで今回は、住基ネットのときに反対したメディアを取りこむことに初めから力を入れた。「社会保障をよりきめ細かに」「真に手を差し伸べるべき者へ」「国民の権利のため」と、ジャーナリズムが反対しにくい言葉を並べ、広告分野から新聞を取りこみ、社説に影響をおよぼす。学者、自治体、財界関係者を集め、「わたしたち生活者」なるグループをつくって「国民運動」を担わせる。住基ネットの10年前よりも、世論操作の手段は確実に進歩した。それと同時に、メディアの内部も「社会部」的な一市民の立場から、「政治部」「経済部」的な統治する立場へと、比重は著しく移った。

たとえ多数でも個人の反対意見は聞き流され、少数でもカネと力を握った集団の賛成意見がとおる。もちろん、集団に参加する個人の利益の構造は単純ではないし、意識のうえで自覚されているとも限らない。なにより、新自由主義的な経済関係の発展で、利益を上げるためのコストダウンや管理の追求といった発想が個人にも普及し、デジタル技術によるソフトな監視が日常生活に浸透しつつある。この10年で管理に慣れ、監視をなし崩し的に受け入れていった私たち自身の感性の地滑りも、共通番号制が成立しようとしている現状には投影されている。

だが、こうして反対の声を黙殺し、いや聴いたふりをして、利益関係者だけで政策を進めた結果がどうなるかを、私たちは現在、原子力発電所の収束しない大事故として経験している。取り返しのつかない、私たち自身の生存を今後何十年、何百年と脅かす、歴史的なあやまちとして。

メディアを広告から巻きこみ、「民意」をつくり出す手法は、原子力政策で確立され、裁判員制度、TPP参加と、いまや世論形成の政治の「王道」になりつつある。そこで振りまかれる言葉は美しく、バラ色の未来をイメージさせる。

社会保障・税番号大綱は第I章でみたように、「社会保障の充実」「公平な税制」「被災者の救済」を約束し、共通番号を「国民と国との新しい信頼関係を築く絆」とまで称《たた》える（傍点は引用者）。これに「わたしたち生活者」が「人と人、人と社会の新たな絆をつくるための『共通番号』」と、こだまのように応える（同、発足シンポジウム資料より）。行きづまった現実を大仰で空疎な修飾語でまぶして、私たちに飲みこませようとする。

こうしたPRの手法に乗せられ、日常の表面的な平穏さにかまけて真の危険から目をそらしてきたあやまちを、私たちが今回の原発の大事故に学ぶとするなら、事故後も変わらずに続く、こんな「やらせ」問答に沈黙してはならない。共通番号制は「ただちに健康に影響はない」にしても、この先何十年と私たちの身体にまとわりつき、精神をむしばんでいく。人間らしい関係も、選択も、生き方も脅かしていく。沈黙が続けば、表面上はつつがない日々のなかで、異論を許さないファシズムが社会のすみずみにまで根茎を伸ばしていく。

とくに東日本大震災後、不安な社会心理につけこんで、個を集団に取りこもうとする機運は高まっている。政界、財界、芸能界、スポーツ界、自治体、地域、学校をあげて「絆」の大合唱で、共通番号を「絆」にたとえるのも、そうした流行の一端である。それによって、あやまちを推進した者の責任はあいまいになり、消費増税、電気料金の値上げ、がれき処理と、後始末の責任はすべて個人の「痛み分け」へと転嫁されていく。あやまちを引き起こした仕組みは温存され、個は以前と同じ秩序に回収されていく。これに流されて、一年になるやならずやで地震、津波、原発事故の衝撃を忘れ、あやまちを見ないことで平穏な日常に戻ろうとするなら、私たちの前向きで明るい「絆」ファシズムは深化し、次のもっと大規模な災害を準備するだろう。

押しつけられる「絆」は、首にかけられる縄と変わりない。それをいつか心地よく感じるようになる前に、断ち切らなくてはならない。

付記　法案のポイント解説

1　提出された法律案は3本

法律案として国会に提出されたのは、次の3法案だ。

・行政手続における特定の個人を識別するための番号の利用等に関する法律案（マイナンバー法）
・行政手続における特定の個人を識別するための番号の利用等に関する法律案の施行に伴う関係法律の整備等に関する法律案（関係法整備法）
・地方公共団体情報システム機構法案（実施機構法）

所管はマイナンバー法案と関係法整備法案が内閣委員会、実施機構法案が総務委員会となっている。以下、主にマイナンバー法案のポイントを解説する。

2　法律の主体が国民でなく国にある

目的（第1条）や提案理由には、「効率的な情報の管理及び利用」「手続の簡素化による負担の軽減」「本人確認の簡易な手段」という文句が並び、社会保障・税番号大綱の内容と比べると、「国民のため」というより、「行政事務の効率化」や「管理」が前面に出ている。

3　利用範囲は限りなく拡大される

また、利用対象の事務が大幅に拡大されている。大綱で例示されていた社会保障、税、災害などの範囲がいっそう拡大されている（第6条）。また、地方公共団体などは、条例で定める事務に利用できる。

さらには、番号提供の制限から除外するものとして、「刑事事件の捜査」「その他政令で定める公益上の必要があるとき」と規定されている。捜査関係もさることながら、「公益上の必要」という漠然とした規定により、それも政令で利用範囲をいくらでも拡大することができるようになっている（第17条11号）。

4　住基カードに代わり、新たに発行される番号カードは全員所持

カードには「氏名、住所、生年月日、個人番号、写真」そして「その者を識別する事項のうち政令で定める事項」とされ（第56条1項）、顔写真や番号が表面に見える状態となる。さらには「識別」情報をいずれ政令で定めるとなれば、生体認証（指紋や虹彩など）情報が加えられる可能性もある。

発行は「申請により」とされているが（同前）、住所異動の際の「転入時」には「提出しなければならない」とされ、また、「個人番号利用事務等実施者」は、番号の提供を「求めることができる」（第11条）だけでなく、「カードの提示を受けること」など「本人であることを確認するための措置

（…）をとらなければならない」（第12条）とされ、実質的に全国民（居住外国人を含む）の申請・取得が強制されることになる。

さらに、10年間で日本の総人口のわずか5％という低調な普及率といえども、すでに約560万枚（2011年3月末現在、総務省発表）発行されている住基カードを廃止し（整備法によって住基法改正）、番号カードに全面的に切り替えさせること、さらには新たに発行する番号カードも総務省令で定める有効期間（第56条8項）ごとに更新させることなど、IT産業への莫大な経費投入が明らかだ。

また、地方自治体はその条例で定めれば、独自利用まで可能になる（同条9項）。

5 国がじきじきに管理する制度

新たに付した個人番号の通知、個人番号カードの交付事務は「法定受託事務」（第58条）となり、住基ネットの場合の「自治事務」から大きく転換する。国立市や福島県矢祭町のように、自治体の判断で住基ネットに参加しないことが認められなくなり、自治体はあくまでも国が決めたことを忠実に実施するだけになる。

つまり、国家による国民と居住外国人の管理制度と位置づけられたわけだ。

法律案は難解で、条文だけからは読み取れないものも多い。しかし、利用範囲に関して歯止めはなく、「施行後5年を目途として」見直しを行うことを明記（附則第6条）している。一度導入を許せばどうなるのか、末恐ろしい法律案だ。

マイナンバー法案の概要

（行政手続における特定の個人を識別するための番号の利用等に関する法律案）

国民の利便性の向上及び行政運営の効率化を図り、もって国民が安心して暮らすことのできる社会の実現に寄与することを目的として、行政機関等に係る申請、届出その他の手続に関し、適切な管理の下に個人等を識別するための番号を利用し、効率的かつ安全に情報の授受を行うことができるようにするために必要な事項を定めるもの。

Ⅰ．総則

目的、定義、趣旨（1条～3条）

Ⅱ．個人番号

指定・通知・変更、基礎番号の生成（4条、5条）
利用範囲（6条）
再委託の制限（7条）
個人番号取扱者の責務（8条、9条）
提供の要求（10条）
本人確認の措置（11条）
提供の制限（12条）

Ⅲ．特定個人情報の保護等

1．特定個人情報の保護

特定個人情報ファイルを保有しようとする者のための指針（13条）
特定個人情報保護評価（14条）
特定個人情報ファイルの作成の制限（15条）
委託先の監督（16条）
特定個人情報の提供の制限（17条）
収集等の制限（18条）

2．情報提供等

情報提供ネットワークシステム（19条）
特定個人情報の提供（20条）
情報提供等の記録（21条）
秘密の管理（22条）
秘密保持義務（23条）

3．行政機関個人情報保護法等の特例等

行政機関個人情報保護法等の特例（24条）
情報提供等の記録についての特例（25条）
地方公共団体等が保有する特定個人情報等の保護（26条）
個人情報取扱事業者でない個人番号取扱事業者が保有する特定個人情報の保護（27条～30条）

Ⅳ．個人番号情報保護委員会

1．組織

委員会の設置、任務、所掌事務、職権行使の独立性、組織等（31条～35条）
委員長及び委員の任期等、身分保障、罷免（36条～38条）
委員長（39条）、会議（40条）、事務局（41条）
政治運動等の禁止（42条）
秘密保持義務（43条）、給与（44条）

2．業務

指導及び助言（45条）
勧告及び命令（46条）
報告及び立入検査（47条）
適用除外（48条）
内閣総理大臣に対する意見の具申（49条）
国会に対する報告（50条）

3．雑則

規則の制定（51条）

Ⅴ．法人番号

通知等（52条）
情報の提供の求め（53条）
資料の提供（54条）
正確性の確保（55条）

Ⅵ．個人番号カード

個人番号カード（56条）

Ⅶ．雑則

指定都市の特例（57条）
事務の区分（58条）
権限又は事務の委任（59条）
主務省令（60条）
政令への委任（61条）

Ⅷ．罰則

附則

施行期日（附則1条）
準備行為（附則2条）
経過措置（附則3条、附則4条）
政令への委任（附則5条）
検討（附則6条）

別表第一（利用範囲（6条）関係）

別表第二（提供制限（17条）関係）

マイナンバー法の施行に伴う関係法律の整備等に関する法律案の概要

（行政手続における特定の個人を識別するための番号の利用等に関する法律の施行に伴う関係法律の整備等に関する法律案）

行政手続における特定の個人を識別するための番号の利用等に関する法律、いわゆるマイナンバー法の施行に伴い、関係法律の規定の整備を行うため、所要の措置を講ずるもの。

本法で規定の整備を行うのは27法律

○個人番号関係（但し、利用範囲関係以外）

・地方自治法の一部改正（1条、2条）
・国民年金法の一部改正（10条、11条）
・住民基本台帳法の一部改正（17条～23条）
・総務省設置法の一部改正（39条～41条）

○利用範囲関係

・地方税法の一部改正（5条）
・租税特別措置法の一部改正（8条、9条）
・国税通則法の一部改正（12条、13条）
・所得税法の一部改正（15条、16条）
・内国税の適正な課税の確保を図るための国外送金等に係る調書の提出等に関する法律の一部改正（25条、26条）

○個人番号情報保護委員会関係

・特別職の職員の給与に関する法律の一部改正（3条、4条）
・行政機関の保有する情報の公開に関する法律等の一部を改正する法律（33条）
・国家公務員法の一部改正（34条）
・国家公務員法等の一部を改正する法律等の施行に伴う関係法律の整備等に関する法律の一部改正（35条）
・内閣府設置法の一部改正（37条、38条）

○法人番号関係

・投資信託及び投資法人に関する法律の一部改正（6条）
・信託法の一部改正（6条）
・信用金庫法の一部改正（7条）
・酒税の保全及び酒類業組合等に関する法律の一部改正（7条）
・労働金庫法の一部改正（7条）
・資産の流動化に関する法律の一部改正（7条）
・商業登記法の一部改正（14条）
・保険業法の一部改正（24条）
・財務省設置法の一部改正（42条）

○個人番号カード関係

・行政手続等における情報通信の技術の利用に関する法律の一部改正（28条、29条）
・電子署名に係る地方公共団体の認証業務に関する法律の一部改正（30条～32条）
・地方公共団体情報システム機構法の一部改正（36条）

○罰則関係

・組織的な犯罪の処罰及び犯罪収益の規制等に関する法律の一部改正（27条）

○附則（施行期日）

あとがき

1998年から2003年にかけて、住基ネット導入をめぐる反対運動が各地で取り組まれていた頃、小笠原は新聞記者として政府、自治体、IT産業などを取材していた。白石は、労働組合役員を務める一方、プライバシー権を求める市民運動の中心にいた。

その後、小笠原は新聞社を退社し、カナダ・クィーンズ大学社会学部教授のデイヴィッド・ライアンのもとで日本の国民ID（識別）システムについての論文を書き、帰国後はライアンの『監視スタディーズ』（岩波書店、2011年）を翻訳した（田島泰彦との共訳）。

白石はこれを知って、小笠原の離日以来とだえていた親交が8年ぶりに再開。共通番号制についての問題提起を検討していた『解放新聞』に小笠原を紹介し、小笠原が記事を執筆することになった。この本の少なくない部分は、『解放新聞』の6回の連載（11年10月3日～11月7日、2537～2541号掲載）が下敷きになっている。

一方、白石は共通番号反対の世論が盛り上がらない大きな要因に、「社会保障・税の一体改革」とそれを「実現するための番号制度」という政府やマスコミなどの宣伝が広く浸透していることを強く感じていた。

推進側の著作や論拠が極めて稚拙であるにもかかわらず、反対世論に火がつかない現状を何としても変えたいという思いから、ちょうど航思社をおこしたばかりの大村智さんらの協力を得て、二人の協同執筆が始まった。しかし、社会保障や税という広い対象範囲をわかりやすく解説するのは容易ではなく、東京の白石と福岡の小笠原のあいだで相当なやりとりをして、ようやく刊行にたどり着いた。

したがって、章ごとの明確な執筆分担はなく、あえて言えば、はじめに・序章・第Ⅲ章が小笠原、第Ⅰ章・あとがきが主に白石、第Ⅱ章・第Ⅳ章が協同執筆になる。二人の文章とデータが入り組んだ合作であり、また、全体のトーンは小笠原が整えた。

住基ネットから共通番号制へ——反対していた政党とメディアが賛成に転じたことを、小笠原は「思想なき地滑り」と呼び、白石は「強くなる国家と小さくなる政府」と表現するが、共通の指摘は、政治家と言論人が権力に近づくやいとも簡単に変質する一方、継続して統治の座にある官僚はしたたかに両者をあやつっている現実だ。自民党・財界40年の悲願を民主党が軽々とかなえようとしているときに、本書が少しでも対抗力の拡大に寄与できることを願う。

２０１２年３月

小笠原みどり、白石孝

【著者略歴】

小笠原みどり
（おがさわら・みどり）

ジャーナリスト。1994年早稲田大学卒業、朝日新聞入社。西部本社社会部記者などを経て、2004年退社、米スタンフォード大学でフルブライト研修。08年カナダ・クィーンズ大学大学院修士課程（社会学）修了。単著に『世界中のひまわり姫へ——未来をひらく女性差別撤廃条約』（ポプラ社）、共著に『路上に自由を——監視カメラ徹底批判』（インパクト出版会）、共訳書にD・ライアン『監視スタディーズ』（岩波書店）など。

白石 孝
（しらいし・たかし）

1975年ごろから国勢調査、住基ネットに対する全国的な運動を展開、現在に至る。「プライバシー・アクション」「国勢調査の見直しを求める会」などの代表など。また、ワーキングプア問題にも取り組み、NPO「官製ワーキングプア研究会」理事長をつとめる。著書に『知っていますか？ 個人情報と人権』（解放出版社）、『世界のプライバシー権運動と監視社会』（明石書店、共著）『なくそう！ 官製ワーキングプア』（日本評論社、共著）など。

共通番号制（マイナンバー）**なんていらない！**

監視社会への対抗と個人情報保護のために

著　者　小笠原みどり・白石孝
発行者　大村　智
発行所　株式会社 航思社
〒113-0033 東京都文京区本郷1-25-28-201
TEL. 03（6801）6383 ／ FAX. 03（3818）1905
http://www.koshisha.co.jp
振替口座　00100-9-504724
装　丁　大村麻紀子
印刷・製本　シナノ書籍印刷株式会社

2012年4月30日 初版第1刷発行

ISBN978-4-906738-01-4　C0030

［編著］日本弁護士連合会

デジタル社会のプライバシー

共通番号制・ライフログ・電子マネー

［判型］Ａ５判・並製 ［総頁数］480頁 ［定価］本体3,400円＋税 ISBN978-4-906738-00-7

わたしたちの個人情報、大丈夫？

便利さとひきかえに、わたしたちは
プライバシーと民主主義を失おうとしています。
これらを守る観点から、問題について検証・提言します。

スマートフォンのアプリ、インターネットでの買い物、スイカやおサイフケータイなどの電子マネー、街頭監視カメラ——便利さとひきかえに、私たちの日々の生活がデジタルデータとして記録・収集（ライフログ）、無断で利用されています。

さらに福島原発事故や消費増税の報道のかげで、社会保障・税の共通番号制（マイナンバー）が導入されようとしています。**この共通番号制、実は、名目の「税の公平性」にも「社会保障の充実」にも決してつながることはありません。**また、11年秋以降、デジタルデータは一度流出すれば世界中に広がり回収不可能です。

こうしたことが日本中いつどこでどのような形で起こるかわかりません。私たちは自分の被害をなるべく小さくするために、ひとりひとりがデジタル社会をどう生き抜くかを考え、選択していく必要があります。本書は、そんなあなたが問題を考える材料としてきっと役に立つはずです。

主な内容

航思社

※本書は、お近くの書店か、当社Webサイトでお申し込み下さい　http://www.koshisha.co.jp/